Gärten zum Leben

Gärten zum Leben

Vom Zauber berühmter Gartenanlagen

Penelope Hobhouse

monte von DUMONT

DANKSAGUNG

Mein Dank gilt zunächst Frances Lincoln und Penny David, die mir bei der Entstehung des Buches hilfreich zur Seite standen. Doch nicht nur ihnen ist für das Gelingen dieses Projektes zu danken, sondern auch den Eigentümern der Gärten, die so freundlich waren, uns den Besuch und die Veröffentlichung ihrer Privatgärten zu gestatten. Schließlich möchte ich auch die wirklich hervorragende Arbeit des Fotografenteams nicht unerwähnt lassen.

Aus dem Englischen von Annette Roellenbleck

Die Deutsche Bibliothek – CIP-Einheitsaufnahme

Gärten zum Leben : vom Zauber berühmter Gartenanlagen / Penelope Hobhouse.
[Übers. aus dem Engl. von Annette Roellenbleck]. – Köln : DuMont, 1999
(Monte von DuMont)
Einheitssacht.: Garden style <dt.>
ISBN 3-7701-8504-8

Titel der englischen Ausgabe: *Garden Style*

Satz der deutschen Ausgabe: Boss-Druck, Kleve
Umschlaggestaltung: Groothuis + Malsy, Bremen

Printed in Hong Kong ISBN 3-7701-8504-8

Inhalt

Einführung

Die meisten Menschen entwickeln erst dann ein Interesse für Gartengestaltung, wenn sie selbst zum ersten Mal vor der Planung eines eigenen Gartens stehen. Nur wenige werden durch das Beispiel der Eltern angeregt und setzen dann deren gärtnerische Arbeit fort. Zu ihnen gehört der Engländer Christopher Lloyd, einer der großen zeitgenössischen Gärtner, der gewissermaßen mit einem silbernen Spaten in seinen Händen geboren wurde. Er arbeitet auch heute noch in seinem Garten in Great Dixter, wo er aufgewachsen ist und bei seinen Eltern gelernt hat. Ebenso wie diese berühmte Anlage sind auch andere große Herrenhausgärten Englands über viele Generationen im Besitz einer Familie geblieben und von ihr gepflegt worden. In Tresco Abbey auf den Scilly-Inseln haben fünf Generationen der Familie Dorrien-Smith die Gärten versorgt; auch in Nymans und Leonards Lee, beide in Sussex, findet man eine derartige Kontinuität.

Wie Jane Brown in ihrem Buch »The English Garden in Our Time« ausführt, zeichnet sich die moderne Gartengeschichte weniger durch einen bestimmten Stil oder ›Ismus‹ als vielmehr durch die beispielgebende Wirkung großer, individuell gestalteter Anlagen aus, deren Designer sich nicht scheuten, ihre eigenen Erfahrungen und persönliches Stilempfinden in den Entwurf miteinzubringen. So verarbeitete etwa Lawrence Johnston, als er vor dem Ersten Weltkrieg den Garten in Hidcote gestaltete, neben italienischen und französischen Reiseeindrücken auch Aspekte der zeitgenössischen Gartenkunst. Dabei entstanden die einzelnen Gartenräume aus Schnitthecken, die als grüne Architektur den Hintergrund für die verschiedenen, jeweils nach Farben geordneten Kompositionen aus winterharten Pflanzen bilden.

Das Aufspüren der unterschiedlichen stilbildenden Elemente im heutigen Erscheinungsbild historischer Gärten ist mehr als eine rein ästhetische Übung im vergleichenden Sehen. Es geht vielmehr darum, eine Gartenanlage und auch die Auswahl der jeweiligen Pflanzen verstehen zu lernen. So erwächst aus den wiederholten Besuchen unterschiedlicher Gärten mit der Zeit die Fähigkeit, die individuellen Gegebenheiten des eigenen Gartens zu erkennen und sich dieser Situation anzupassen. Oft sind es nur Teilbereiche in einem großen Park oder sogar nur bestimmte Zusammenstellungen von Pflanzen – ihre Farben, Blattstrukturen, Formen oder Größenverhältnisse –, die uns inspirieren. Um einen Garten in angemessener Weise anlegen und bepflanzen zu können, muß man seine landschaftliche und architektonische Umgebung sowie die klimatischen Verhältnisse berücksichtigen und die Bedürfnisse der Pflanzen verstehen lernen.

Die Gestaltung des Gartens ist eine Kunstform, die sich von anderen unterscheidet. Zwar kann man Pläne entwickeln, die Entwürfe ausfüh-

Links: Francis Cabots Garten in La Malbaie im Norden von Quebec zeigt einen streng axialen Aufbau. Nach Farben gegliederte Staudenrabatten bilden die Überleitung zu waldartigen Baumzonen. Die unterschiedlichen Bodenhöhen werden durch breite, terrassenartige Stufen ausgeglichen. Rechteckige, untereinander verbundene Wasserbecken betonen über die Stufen hinweg die axiale Gliederung. Die immer schmaler werdenden Bassins täuschen in einem Trompe-l'œil-Effekt eine Raumtiefe vor, die real nicht vorhanden ist. Die Anlage erinnert an englische Vorbilder, zum Beispiel Buscot House, und an Entwürfe von Geoffrey Jellicoe.

Rechts: In Cobblers, Sussex, liegt am Südhang des Gartens ein Seerosenteich, der das Licht reflektiert und von einer üppigen Bepflanzung eingerahmt wird. Mehrjährige Wasserpflanzen mit großen, kräftigen Blättern bilden einen reizvollen Kontrast zu den aufragenden Irisblättern und den sich elegant neigenden Gräsern. Im Frühsommer sorgen Primeln und die Sumpfpflanze *Lysichitum americanum* für farbige Blütenpracht. Der Erfolg dieser Art der naturnahen Gartengestaltung beruht darauf, daß sie den Eindruck vermittelt, die Pflanzen stünden in ihrer heimischen Umgebung.

Rechts: Ryan Gaineys Garten in Atlanta, Georgia, ist umgeben von heimischen Bäumen wie Amerikanischen Buchen *(Fagus grandiflora)* und Hartriegel *(Cornus florida)*. Vier identische Abteilungen werden durch gerade Wege voneinander getrennt, die alle zu einem Kreis in der Mitte des Gartens führen. Der Kreis wird durch ein Pflaster betont, das strahlenförmig wie die Speichen eines Rades gelegt ist. Vier Hortensien-Hochstämme der Sorte *Hydrangea paniculata* 'Grandiflora' erheben sich über Beete aus blaublühenden Iris, Veilchen und Vergißmeinnicht.

Ganz rechts: Die von Steinen eingefaßten Hochbeete dieses Gartens in Somerset bieten das Jahr über ein immer wieder neues Bild. Winterblühender *Prunus*, eine *Magnolia* × *soulangiana* und ein Holunder mit roten Beeren (*Sambucus racemosa* 'Plumosa Aurea') an den Mauern verleihen dem Garten eine gewisse Höhe. Ein hochstämmiger Blauregen, mit blaublühender *Campanula garganica* unterpflanzt, bildet einen Blickfang im Mittelbeet, wo die vier Wege zusammentreffen.

ren und schließlich für die Instandhaltung der Anlage Sorge tragen, doch wird sich die Natur mit ihren lebendigen Pflanzen dem völligen Zugriff menschlicher Planung letztendlich entziehen und einen gewissen Spielraum beanspruchen. Mit anderen Worten: Jeder Gärtner wird sich damit abfinden müssen, daß nicht jede Pflanze überall gleich gut gedeiht. Ein kurzer Blick auf die Geschichte des Gartenbaus zeigt, wie der Mensch schon immer bestrebt war, in die Gesetzmäßigkeiten der Natur mehr oder weniger stark ordnend einzugreifen. Gartenstile und -philosophie scheinen daher immer wieder zwischen zwei Extremen hin und her zu pendeln. Einmal sind Kunst und einfallsreiche Planung entscheidend, und die Natur ist lediglich der Lieferant von Pflanzenmaterial, das nach dem Willen des Menschen in gleichermaßen phantasievolle wie dekorative Formen gezwungen wird. Anschauliche Beispiele dafür finden sich in den erhaltenen oder wiederhergestellten Herrschaftsgärten der Renaissance und des Barock. Der entgegengesetzte Standpunkt betont die Bedeutung eines naturalistischen Eindrucks, bei dem gärtnerische Kunstfertigkeit darauf abzielt, die Natur so täuschend wie möglich nachzuahmen.

Die englische Landschaft des 18. Jahrhunderts steht exemplarisch für diesen scheinbaren Triumph der Natur über die Kunst. Ältere, geometrisch gegliederte Gärten wurden umgestaltet, denn eine zeitgemäße Parklandschaft sollte nun natürlich wirkende Baumgruppen und ausgedehnte, spiegelnde Wasserflächen aufweisen. In weiträumigen Anlagen bildeten Gräben oder Kanäle, sogenannte Ahas, die für Tiere unüberwindlichen Barrieren zwischen Park und umgebendem Weideland, wahrten aber für den nach wie vor ungehindert schweifenden Blick des Betrachters die Illusion unbegrenzter Weite. Das geänderte Naturverständnis, das seinen sichtbaren Ausdruck nicht nur in der Landschafts-

garten-Bewegung fand, sondern sich ebenso in der Malerei und in der Literatur manifestierte, beeinflußte von England ausgehend auch den Kontinent. Bis heute gilt eine naturnah gestaltete Parkanlage als Englischer Garten.

Heute wirft die Instandhaltung der historischen Landschaftsgärten, die einst nach den Plänen ›Capability‹ Browns oder Humphrey Reptons entstanden, Probleme auf, die eines weitsichtigen Engagements bedürfen. Alle großen Landschaftsgestalter des 18. Jahrhunderts planten damals für zukünftige Generationen, und die inzwischen zweihundert Jahre alten Bäume, die sie setzten, das Rückgrat der Anlagen, erreichen jetzt langsam das Ende ihrer Lebensdauer, sie müssen in den nächsten Jahren gefällt und ersetzt werden. Das erfordert auch heute wieder eine großzügige Gartenplanung, denn die originalgetreue Bepflanzung käme abermals eher der Nachwelt denn der Gegenwart zugute. Die Erhaltung bzw. die Wiederherstellung von nicht selten in kleinere, intimere Gärten gegliederten Landschaftsparks ist daher, sofern das Gelände nicht bereits vom National Trust verwaltet wird, weitgehend vom Interesse und Entgegenkommen der heutigen Besitzer abhängig.

In den vergangenen hundert Jahren ist die englische Gartenkunst überwiegend durch die Publikationen talentierter und kenntnisreicher Gartengestalterinnen und -gestalter beeinflußt worden. Gertrude Jekyll in Munstead Wood, Vita Sackville-West in Sissinghurst, Margery Fish in East Lambrook und Christopher Lloyd in Great Dixter – sie alle haben immer wieder ihre eigenen Gärten zum Thema ihrer Schriften gemacht und konnten so, ausgehend von ihren eigenen Beobachtungen und Erfahrungen, ihren Lesern sachkundige Anleitungen und wertvolle Anregungen bieten.

Links: In seinem Garten in Giverny hat der französische Impressionist Claude Monet eine Fülle einfacher Bauernblumen gepflanzt, die er immer wieder zu Motiven seiner Bilder machte. Die Pflanzen sind so ausgewählt und kombiniert, daß noch bis weit in den Oktober hinein Blüten zu bewundern sind. Altmodische Akelei und rosafarbener Sauerklee *Oxalis* dürfen sich in den Beeten zwischen dicken Tuffs aus ein- und mehrjährigen Blumen aussäen.

Rechts: In den 70er Jahren hat Roderick Cameron in der Provence, unterhalb der Hügel des Lubéron, einen neuen Garten geschaffen. In der Nähe des Hauses sind Wege und Beete streng gestaltet, aber an den Hängen des Grundstücks, wo die Wege in das Waldland führen, wird der Stil der Anlage allmählich freier und natürlicher. Neben den Mauern aus Naturstein verlaufen die buchsgefaßten Beete, in denen kegelförmiger Buchsbaum Akzente setzt. Die Wege sind mit hellem Kies aufgeschüttet. Nur wenige leuchtende Farben sind in diesem Garten erlaubt; statt dessen bilden feine Abstufungen und konstrastierende Strukturen von grünem Laub in den sonnigen und schattigen Bereichen eine wunderbare Harmonie. Hinter dem Haus erstreckt sich eine ebene Rasenfläche im Sonnenlicht, und elegante Steinurnen rahmen den Ausblick auf die Obstpflanzungen unterhalb des Gartens.

Wie das Beispiel Gertrude Jekylls oder auch des berühmten französischen Impressionisten Claude Monet zeigt, ist die Gärtnerei eng mit der bildenden Kunst verbunden, doch steht nicht allein die Malerei in Wechselbeziehung zur Gartenkunst, auch die Bildhauerei ist schon immer ein wesentliches Element der Gartengestaltung gewesen. Plastischer Figurenschmuck meist allegorischen Inhalts krönte die berühmten italienischen Renaissance- und französischen Barockgärten. Oftmals waren es die Hauptwerke der Literatur, wie etwa Ovids »Metamorphosen« und Dantes »Göttliche Komödie«, welche die Vorlagen lieferten für die ambitionierten Figurenprogramme herrschaftlicher Parkanlagen. Aber auch griechische und römische Mythologie fand ebenso wie christliches Gedankengut Eingang in die Gartenplanung. So illustrieren die beliebten, aus Hecken gebildeten Irrgärten in Anlehnung an mittelalterliche Interpretationen die beschwerliche Suche des Christen nach Erlösung oder versinnbildlichen zwölf im Kreis gepflanzte Solitärbäume die zwölf Apostel.

Wer heute vor der Aufgabe steht, einen historischen Renaissance-, Barock- oder Rokokogarten zu erhalten oder passend zu einem alten Gebäude neu anzulegen, wird erkennen, daß die Rekonstruktion des Skulpturenprogramms ebenso sehr zum gelungenen Gesamteindruck der Anlage beiträgt wie die richtige Auswahl der Pflanzen. Glücklicherweise gibt es inzwischen in England und darüber hinaus in ganz Europa viele anschauliche Beispiele für die einfühlsame Restaurierung oder Überarbeitung historischer Gartenanlagen, etwa den aus dem 16. Jahrhundert stammenden Park von Cranborne Manor in Dorset oder den abwechslungsreichen Garten, der das Tudor-Haus in Hatfield umgibt. Beide Gärten sind nach Entwürfen von Lady Salisbury gestaltet worden. Obwohl sie sich bei ihrer Arbeit an historischen Stilen orientieren mußte, ist es ihr gelungen, jene Starrheit zu vermeiden, die sich so leicht in Neuschöpfungen nach altem Muster einschleichen kann. Ihre Interpretation der englischen Gartenstile des 16. und 17. Jahrhunderts läßt sich mit einigen ebenso kenntnisreichen Restaurierungen historischer Anlagen durch den National Trust vergleichen. Ein weiteres sehenswertes Beispiel ist der Garten von Hestercombe in Somerset, der kurz vor dem Ersten Weltkrieg angelegt wurde. Er zeigt vielleicht am deutlichsten, wie fruchtbar die wiederholte Zusammenarbeit zwischen Edwin Lutyens und Gertrude Jekyll war. Ebenfalls sehr erfolgreich restauriert worden sind die Gärten von Het Loo (Apeldoorn) in Holland oder von Herrenhausen (Hannover) in der Bundesrepublik Deutschland, um nur einige der zahlreichen denkmalpflegerischen Glanzleistungen auf dem Kontinent zu nennen.

In den folgenden Kapiteln dieses Buches werden neben einigen der berühmten historischen Parkanlagen auch Gärten beschrieben, die mit moderner Architektur harmonieren und an zeitgenössische Lebensformen angepaßt sind. So entfaltet sich ein breites Spektrum an Themen und Ideen, das deutlich macht, wie unendlich verschieden Gartenpläne aufgebaut und interpretiert werden können. Aus ein und demselben formalen Entwurf können letztendlich völlig unterschiedliche Gärten entstehen, abhängig davon, nach welchen Gesichtspunkten die Pflanzen zusammengestellt wurden. Bei der Auswahl des geeigneten Materials können die Lage des Terrains, die Bodenbeschaffenheit, die klima-

tischen Verhältnisse, aber auch der voraussichtliche Pflegebedarf eine entscheidende Rolle spielen. Darüber hinaus gilt es zu veranschaulichen, daß jeder Garten, gleich welcher Größe, ein gewisses Maß an Disziplin erfordert, damit die Konzeption auch nach Jahren noch überschaubar bleibt und nicht von zu dicht oder wahllos gesetzten Pflanzen überwuchert wird. Ausgestattet mit dem Wissen um die unterschiedlichen Bedürfnisse der einzelnen Pflanzen, wird auch jeder interessierte Laie in der Lage sein, individuelle Gartenpläne zu entwerfen, die auf die jeweiligen örtlichen Gegebenheiten abgestimmt sind.

Jeder Gartenbesuch ist Teil eines Lernprozesses, in dem das Auge auf die verschiedenen gärtnerischen Möglichkeiten achten lernt. Worte und Bilder können zwar eine hilfreiche Vorbereitung für einen Besuch sein, und danach können sie die Sensibilität für gärtnerische Feinheiten schärfen, aber sie können niemals die Anschauung ersetzen. Dieses Buch will den Leser Schritt für Schritt zur Entwicklung eines eigenen Gartenverständnisses führen. Daher illustrieren die Abbildungen ein breites Angebot verschiedener Gestaltungsideen, aber es muß jedem einzelnen überlassen bleiben auszuwählen, zu verbessern und das Material auf seine Verhältnisse abzustimmen. Welche Stilrichtung dem Entwurf auch zugrunde liegen mag, seine Ausführung im Garten wird auf diese Weise immer die persönliche Handschrift des Gärtners tragen. Und genauso sollte es sein, denn nur dadurch entfaltet ein Privatgarten seine eigentümlich intime Atmosphäre.

Anregung und Anleitung

Tintinhull · Hidcote · Docwra's · East Lambrook

Hadspen · Abbotsbury · Knightshayes · La Gamberaia · Royaumont

Giardino dei Giusti · Blake House

Mein Garteninteresse erwachte, nachdem ich zum ersten Mal Tintinhull House in Somerset besucht hatte (ungefähr 30 Jahre später sollte ich dort leben und mich selbst um den wundervollen Garten kümmern). Damals war ich 25 Jahre alt und lebte mit meinem Mann in einem Gutshaus aus dem 17. Jahrhundert, dessen ursprünglich terrassenartig angelegter Garten inzwischen recht verwahrlost war. Ich hatte zu diesem Zeitpunkt keinerlei Ahnung vom Gartenbau und suchte in Tintinhull erste Anregungen. Glücklicherweise waren dort die Anlagen so sorgfältig geplant worden, daß sogar ein völliger Laie wie ich beinah auf den ersten Blick die strengen Linien des Grundplans und die Farbmuster begreifen konnte, die für jeden der einzelnen Gartenteile charakteristisch sind. Schon bei meinen ersten Besuchen mußte ich erkennen, daß man niemals einen gewachsenen Garten kopieren kann; Tintinhull hat mir aber gezeigt, wie entscheidend der zugrundeliegende Entwurf einer Anlage die Atmosphäre des späteren Gartens bestimmt. Was immer man auch aus Gartenbüchern lernen kann – und das ist bestimmt nicht wenig –, für mich war und ist es wichtiger, einen Garten zu sehen und seine Ausstrahlung zu erleben. Jeder Blickwinkel, jede unbekannte Pflanzenzusammenstellung – in welchem Umfang und unter welchen Klimabedingungen oder Bodenverhältnissen auch immer – konnte mir später als Grundlage für die Ausarbeitung eigener Entwürfe dienen.

In Tintinhull war es nicht nur die straffe und konsequente Planung mit ihrer architektonischen Gliederung, die mich so sehr beeindruckte. Blüten und Blattwerk der Pflanzen waren wie in einem riesigen Gemälde kunstvoll arrangiert, wobei nach sorgfältiger Überlegung Farbe und Struktur der Blüten und Blätter sowohl harmonisch als auch kontrastierend nebeneinandergesetzt waren. Nach diesen optischen Gesichtspunkten waren die einzelnen, von Schnitthecken umgebenen Gartenräume der Gesamtanlage gestaltet worden, und jedes der Kompartimente bildete inhaltlich einen in sich geschlossenen kleinen Garten. In Tintinhull machte ich zum ersten Mal die Erfahrung, daß die gärtnerische Tätigkeit eine Kunst darstellt, die eng mit Architektur und Malerei verbunden ist.

Bei der Planung ihres Gartens hatte sich die damalige Besitzerin von Tintinhull House, Phyllis Reiss, Lawrence Johnstons Garten in Hidcote zum Vorbild genommen. Die Anlage in Hidcote spiegelt ein Raumgefühl wider, das im wesentlichen vom Renaissancegarten des 16. Jahrhunderts beeinflußt ist. Dabei besitzt sie, im Gegensatz zu einem italienischen Villengarten, keinen direkten Bezug zum Haus. Als Johnston seinerzeit mit der Ausarbeitung des Gartenplans beauftragt wurde, fand er abgesehen von zwei Buchengruppen und einer alten Zeder in der Nähe des Gutshauses aus dem 17. Jahrhundert ein völlig kahles, dem Wind schutzlos ausgesetztes Grundstück vor. Die ausgedehnte Fläche wurde dann nach seinen Vorschlägen von einem Raster aus Eiben-, Buchen-, Buchs-, Stechpalm- und Weißbuchenhecken überzogen. Jeder Bereich innerhalb der sich kreuzenden Hecken – insgesamt sind 21 einzelne Räume entstanden – wurde nach unterschiedlichen Themen bepflanzt.

Diese Konzeption, einen großen Garten in eine Reihe kleiner Gärten zu unterteilen, schien damals neu zu sein, ist aber in Wirklichkeit als Weiterentwicklung des englischen Gartenstils im ausgehenden vikto-

Seite 12: Nymans in Sussex, von der Familie Messel angelegt und bepflanzt, ist ein herrliches Beispiel für einen Garten, der eine geometrische Anlage mit einer Sammlung seltener Bäume und Sträucher verbindet. Ein Gartenteil mit beschnittenen Hecken schließt direkt an das Haus an, während man jenseits der weiten Rasenfläche eine naturnahe, ›wildwachsende‹ Bepflanzung bewundern kann. In einem solchen Garten finden sich viele Anregungen, die sich auch in wesentlich kleineren Reihenhausgärten verwirklichen lassen.

Seite 13: Hell bronzefarben blühende *Iris germanica* sind in ein langes schmales Beet gepflanzt, das sich an der Hauptbegrenzungsmauer im östlichen Teil des Gartens von Tintinhull entlangzieht.

Links: Alle Wege in Tintinhull haben richtungweisende und funktionale Aufgaben. Mauern und Hecken umschließen einzelne Räume, ziehen vertikale Linien, bilden Schutzwände und dienen als farbliche Hintergründe für die Rabatten. Geschickt plazierte auf- oder abwärtsführende Stufen schaffen auf dem an sich ebenen Gelände künstliche Niveauunterschiede. Hohe immergrüne Bäume bilden eine schöne Silhouette am Horizont. Bei einem Spaziergang durch den Garten bewegt sich der Besucher fortwährend zwischen schattigen und sonnigen Bereichen. Alle diese Kunstgriffe lassen den Garten größer erscheinen, als er tatsächlich ist.

Oben: Der Botanische Garten der Universität Padua, einer der frühesten Lehrgärten, wurde nach einem venezianischen Dekret von 1545 angelegt. Die ursprüngliche Anlage mit den steingefaßten Beeten ist noch erhalten. Der Garten, der zunächst nur Schulungsmaterial für die Studenten liefern und den Bedarf einer Apotheke decken sollte, umfaßte bald eine große Sammlung exotischer Pflanzen, die über Venedig in Europa eingeführt wurden.

rianischen Zeitalter zu verstehen. Gegen Ende des 19. Jahrhunderts war es Mode geworden, Gärten früherer Epochen nachzubilden, die dann gewissermaßen als Versatzstücke in den strengen architektonischen Rahmen der Tudor- und Stuartgärten eingebunden wurden. Diese Räume mit Wänden aus Schnitthecken konnten dann von Gärtnern bepflanzt werden, ähnlich wie Innendekorateure die Zimmer eines Hauses mit Farben und Möbeln ausstaffierten. Solche Gärten bilden eine umschlossene Welt aus gleichförmigen Räumen, die ineinander übergehen oder durch Heckenkorridore miteinander verbunden sind. Auch in Hidcote wird man von der umgebenden Landschaft weitgehend ausgegrenzt, und nur vereinzelt wird der Blick auf das Evesham-Tal freigegeben. Der ganze Garten lebt von dem Kontrast zwischen streng geometrischer Gliederung und zwangloser Bepflanzung.

In Tintinhull ist der Garten enger auf das Haus bezogen als in Hidcote. Untereinander sind die einzelnen Kompartimente in beiden Gärten nicht nur durch eine lineare Wegführung verbunden, sondern auch durch die Wiederholung gleicher oder sich ähnelnder Pflanzen in verschiedenen Gartenräumen. Wie in Hidcote wird auch in Tintinhull das Gartenbild von Eibenhecken beherrscht, denen hier allerdings noch graulaubige Pflanzen wie *Senecio* 'Sunshine' und die buschige silberfarbene *Artemisia* 'Powis Castle' zugeordnet wurden. Diese immer wiederkehrende Kombination bildet den gleichbleibend ruhigen Rahmen für die wechselnde Ausstattung mit Blütenpflanzen.

Nicht nur Tintinhull ist der damals wie heute berühmten Anlage in Hidcote verpflichtet, auch Sissinghurst Castle (siehe Seite 194) und die Gärten von The Courts, Newby Hall (siehe Seite 42), Bramdean House und Jenkyn Place (siehe Seite 92 f.) sind eng mit dieser Anlage verbunden, ohne sie jedoch im einzelnen zu kopieren. Dennoch kann man festhalten, daß Hidcote gewissermaßen den Prototyp der modernen englischen Gartengestaltung darstellt.

Mit den einprägsamen Bildern von Tintinhull vor Augen, die meinen Blick für die ästhetischen Möglichkeiten der Gartengestaltung geschärft hatten, machte ich mich auf die Suche nach neuen Anregungen, aber auch nach weiterführender Literatur, um meine beachtlichen Wissenslücken in Botanik zu schließen. Ein alter Freund von mir, John Raven, klassischer Philologe in Cambridge und später Autor von »A Botanist's Garden«, war mir damals dabei behilflich, wofür ich ihm und auch seiner Frau Faith noch heute dankbar bin.

In Docwra's Manor bei Cambridge haben John und Faith Raven um das Gutshaus aus dem 17. Jahrhundert einen asymmetrisch gegliederten Garten angelegt. Es sind einzelne Gartenräume entstanden, in denen günstige kleinklimatische Bedingungen herrschen, so daß trotz des alkalischen Bodens und der geringen Niederschläge die Pflanzen gut gedeihen. Die Ravens, die sich mehr für Wildpflanzen als für durch Züchtung ›verbesserte‹ Gartenpflanzen interessieren, legten üppige, dicht bepflanzte Beete an. Bei näherer Betrachtung enthalten sie eine Reihe seltener Arten, oftmals aus Samen oder Zwiebeln gezogen, die das Ehepaar auf ausgedehnten Reisen im Mittelmeerraum gesammelt hat.

Verschiedene Pfingstrosen wie *Paeonia cambessedesii* von den Balearen mit rhabarberroten Stielen, dunkelrosa Blüten und dekorativem

Links: Der Weiße Garten von Hidcote wird von einer großen Zeder überdacht, von Schnitthecken gerahmt und von Eibenfiguren geschmückt. Man kann deutlich erkennen, daß eine streng gegliederte Anlage die Wirkung einfarbiger Gärten erhöht.

Rechts: Die Gartenräume in Hidcote sind nach klassischem italienischem Vorbild aufgebaut. Lawrence Johnstons Entwurf war der Prototyp für viele moderne Gärten. Hier schaut man, durch einen der beiden Pavillons der Anlage hindurch, eine grüne, von Weißbuchenhecken gefaßte Allee entlang, die zu einem Aussichtspunkt führt, der einen weiten Blick über die Landschaft gestattet.

Laub, *P. emodi, P. mascula* in vielen ihrer europäischen Formen und die frühblühende gelbe *P. mlokosewitschii* wachsen neben *Nectaroscordon bulgaricum* mit den schwach violetten Glocken, die sich aus seltsamen papierenen Hüllen öffnen. Das seltene Schaumkraut *Cardamine enneaphyllos,* das unserem heimischen Wiesenschaumkraut ähnelt, stammt von den Wiesen bei Asolo in Norditalien. Für den Uneingeweihten ist Docwra's ein ländlicher Garten, über und über mit einer Vielfalt von Pflanzenarten besetzt; für den Experten aber birgt er viele einzigartige Schätze, die man nur sehr selten in anderen Gärten zu sehen bekommt, mit Ausnahme des Botanischen Gartens in Cambridge, dem John und Faith jeweils wenigstens ein Exemplar ihrer mitgebrachten Raritäten überließen. Immer ist es den Ravens gelungen, für ihre fremdländischen Pflanzen in ihrem Garten die geeigneten Standorte zu schaffen, an denen sie sich ausbreiten und aussäen konnten, so daß sie heute wirken, als wären sie schon seit eh und je in England heimisch.

Es war der Garten von Faith und John, der mir bewußtmachte, wie wichtig die Standortbestimmung bei der Auswahl der Pflanzen ist. Eine Zusammenstellung ausschließlich nach ästhetischen Gesichtspunkten ist in den meisten Gärten nicht zu empfehlen, denn sie führt nur selten zum erhofften Erfolg. Es hat einfach keinen Sinn, alpine Pflanzen aus hohen Gebirgslagen in die Nähe von feuchtigkeitliebenden Pflanzen zu setzen, die von sumpfigen Wiesen stammen. Genauso hoffnungslos ist es, graulaubige mediterrane Pflanzen, die in kargem Boden wachsen, neben Pflanzen zu setzen, die einen nährstoffreichen Boden benötigen. Um den eigenen Garten je nach Bodenbeschaffenheit effektiv bepflanzen zu können, muß man lernen, den jeweiligen Bedürfnissen der unterschiedlichen Pflanzen gerecht zu werden.

In unmittelbarer Nachbarschaft von Tintinhull liegt East Lambrook mit dem Garten von Margery Fish, der oftmals zum Gegenstand ihrer Gartenbücher geworden ist. In einem von ihnen beschreibt sie den ursprünglichen kargen Zustand der Anlage, aber gegen Ende der 50er Jahre, als ich den Garten öfter besuchte, war er bereits dicht bepflanzt. In Stil und Atmosphäre unterschied sich die Anlage ebenso deutlich von Tintinhull wie von Docwra's Manor. Ein Teil des Areals war mit einer Ansammlung seltener Arten und Züchtungen ganz gewöhnlicher Stauden und Zwiebelgewächse bepflanzt. Dort gab es eine Fülle von Primeln, 45 Sorten Schneeglöckchen, Dutzende verschiedener winterharter Storchschnabelarten, eine Reihe winterharter Alpenveilchen und eine große Anzahl klein- und großblättriger Efeuzüchtungen, die als reizvolle Bodendecker das Unkraut unterdrückten. Funkien, Nieswurzarten, Wolfsmilchgewächse und Alpenveilchen in vielfältigen Sorten ergaben mit ihren nach Jahreszeiten wechselnden Blüten und Blättern das ganze Jahr über ein fesselndes Gartenbild. Margery Fish hatte eine besondere Vorliebe für Pflanzen mit panaschierten Blättern; da sie aber überwiegend kleinblättrige Sorten auswählte, vermied sie den unruhigen, fleckigen Gesamteindruck, den solche Varietäten leicht hervorrufen können. Daneben kombinierte sie buntbelaubte immer mit einfarbig grünen Pflanzen.

Angeschlossen an den Garten war auch eine kleine Gärtnerei, in der viele dieser Pflanzen, von denen einige nur durch Teilung vermehrt werden konnten, erhältlich waren. East Lambrook wurde dadurch bald

zu einem Mekka für Pflanzenkundige, und die kleine Anlage, der jede Großartigkeit fehlte und die stilistisch ganz anspruchslos war, vermittelte den Besuchern ein Gefühl für das Machbare in ihren eigenen, möglicherweise sehr viel kleineren Gärten. Schließlich ist nicht das weite Spektrum unterschiedlicher Gartenthemen, die abhängig sind von wandelnden Moden einer- und den finanziellen Verhältnissen des Besitzers andererseits, entscheidend, sondern die Vielfalt der Pflanzen, die in einer gegebenen Lage gezogen werden können und deren Kombinationsmöglichkeiten. So wurde der Besuch dieses Gartens für viele zu einer tiefen Erfahrung.

Ebenso wie John und Faith Raven studierte Margery Fish sorgfältig die Standortbedingungen in ihrem Garten und stimmte die Bepflanzung entweder darauf ab oder versuchte den recht schwierigen alkalischen Boden den Bedürfnissen der jeweiligen Pflanzen anzupassen. Da letzteres nicht für jede einzelne Pflanze möglich ist, ergab es sich fast von selbst, daß mehrere Gewächse mit gleichen Ansprüchen an Licht, Klima und Boden in größeren Arealen zusammengefaßt wurden und so eine optimale Nachbarschaft gefunden hatten. Bei meinen wiederholten Besuchen lernte ich Margery Fish persönlich kennen, und sie wurde für mich, wie für viele andere, bis zu ihrem Tod im Jahre 1969 eine geduldige Ratgeberin und Lehrerin.

In dieser Zeit habe ich Graham Stuart Thomas' Bücher über alte und neue Strauchrosen gelesen. Solche rustikalen Rosen, zusammen mit niedrig wachsenden winterharten Stauden wie Storchschnabel, Funkie, Frauenmantel, Salomonssiegel und Günsel, in Mengen zu ihren Füßen gepflanzt, schienen mir für den ländlichen Garten, dessen Neugestal-

tung mich damals beschäftigte, besonders geeignet zu sein. Rosen wie die weißblühende *Rosa × paulii* und ihre rosa Zuchtform *R. × p.* 'Rosea' kriechen gern über steile, terrassenförmig angelegte Mauern abwärts. Die gelben *R. hugonis* und *R. × cantabrigiensis* haben farnartige Blätter und einen bogigen Wuchs. *R. glauca* (damals *R. rubrifolia*) hat graugrüne Blätter, rosa Blüten und orangefarbene Hagebutten im Herbst. Im Verein mit Sträuchern wie dem Perückenstrauch *(Cotinus coggygria)* ergab das eine weitgehend problemlose, pflegeleichte Bepflanzung, die höchstens einmal im Jahr beschnitten werden mußte. Außerdem harmonierte sie gut mit dem dichten, ausdrucksstarken Laub der Pflanzen, die ich in East Lambrook ausgesucht hatte. Dem Vorbild John und Faith Ravens folgend, hatte ich ursprünglich vorgehabt, die Pflanzen in meinem Garten im wesentlichen auf die Wildformen zu beschränken. Dieser Gedanke war allerdings nur von kurzer Dauer, ebenso wie eine frühere Idee, nur gelb- und weißblühende Gewächse in meinem Garten zu verwenden. Meine Besuche in East Lambrook bedeuteten immer,

Oben links: Hinter einer Mauer in einem äußeren Gartenteil von Docwra's Manor bildet eine Gruppe weißer Tulpen mit zarten grünen Streifen, *Tulipa viridiflora*, einen hellen Fleck inmitten einer Fläche voll gelbgrüner Wolfsmilchgewächse.

Oben: In dem ummauerten Garten von Docwra's gesellen sich Taglilien, bronzefarbene Iris und Beinwell zu einer Sammlung von Umbelliferae. Der Meerkohl *(Crambe maritima)* im Vordergrund hat weiße Blüten, das elegante farnartige *Selinum tenuifolium*, von einem Sonnenstrahl hervorgehoben, öffnet seine weißen Blüten etwas später im Jahr.

daß ich mit einer Wagenladung neuer Pflanzen heimkehrte, nicht nur mit artenreinen, sondern auch mit gefüllten oder verbesserten Züchtungen und Sorten mit farbigen oder panaschierten Blättern. Niemals konnte ich an der dem Anwesen angeschlossenen Gärtnerei vorbeigehen, ohne etwas zu kaufen.

Ich sollte viel von Margery Fish über Pflanzen lernen, über empfehlenswerte Zusammenstellungen sowie über die Voraussetzungen, unter denen sich die jeweiligen Arten optimal entwickeln. An der Gartenarchitektur, ihrer Geschichte und ihrer ständigen Weiterentwicklung hatte sie weniger Interesse. Besuchte man ihren Garten, so lernte man in erster Linie auf botanische Details zu achten bzw. feine Unterschiede in den Blüten- und Blattformen sowie in der Farbe wahrzunehmen. Als noch unerfahrene Gärtnerin bemerkte ich damals gar nicht, wie außerordentlich talentiert Margery Fish war und wie ungewöhnlich ausgefallen ihre Pflanzen waren. Ich hielt es für selbstverständlich, daß man 15 verschiedene Polemonium-Arten, mindestens neun oder zehn blau- und rotblühende Salvien, alle mit stark aromatischen Blättern, drei oder vier Sorten der empfindlichen Algerischen Iris *I. unguicularis* und sogar eine panaschierte Form des Giersch, *Aegopodium podagraria* 'Variegata', in ihrer kleinen Gärtnerei finden konnte.

Im Jahre 1968 zog ich von dem kleinen ländlichen Garten in das nahegelegene Elternhaus meines Mannes, Hadspen House. Der dreieinhalb Hektar große Park war seit dem Zweiten Weltkrieg vernachlässigt worden, als man einen großen Teil des Geländes mit Schützengräben durchzog. Der dadurch bedingte Verfall des Gartens seit 1939 ist typisch für viele englische Gärten gleicher Größe und Anlage. Wo ehemals fünf Gärtner und ein Lehrling unter einem erfahrenen Obergärtner gearbeitet hatten, waren bis zum Kriegsende zwei ungelernte Arbeiter damit beschäftigt gewesen, ein immer kleiner werdendes Gelände zu unterhalten, auf dem letztendlich hauptsächlich Brombeeren, Winden und am Rande Holunder wuchsen. Laubgehölze, die unter Vorhängen aus weißen Winden versteckt waren, hatte man seit 1932 nicht mehr beschnitten, und die meisten winterharten Stauden waren verschwunden.

Der Garten von Hadspen war immer in zwei getrennte Bereiche unterteilt gewesen. Bis zum Ende des 19. Jahrhunderts war das Haus aus dem 18. Jahrhundert von einem Park umgeben, und ein weiter Obst- und Gemüsegarten lag im nordöstlichen Teil des Grundstücks. Anfang des 20. Jahrhunderts wurde dann ein Areal in der Nähe des Hauses in einen italienisch beeinflußten Terrassengarten mit rundem Wasserbecken umgestaltet. Die Beete wurden mit Geranien und einjährigen Sommerblumen nach der damaligen Mode bepflanzt. Der alte Garten, mehr ein Nutzgarten, und das rechteckige Wasserbecken lagen hinter den Eiben in Richtung Osten. Dort wurden kaum Veränderungen vorgenommen. Beide Gartenbereiche befanden sich auf einem nach Südwesten gelegenen Abhang, der von Waldpartien fast ganz umschlossen war, die ihm vor schädlichen Nord- und Ostwinden Schutz boten. Das durch die Hanglage ermöglichte ungehinderte Abfließen des Schmelzwassers im Frühjahr wirkte sich ebenfalls günstig aus.

Nach dem Ersten Weltkrieg hatte man in Hadspen nur schwer geschulte Arbeitskräfte bekommen können, aber wenigstens bepflanzte

Links: An der Nordseite des Hauses in Tintinhull blühen gelbe Sorten der Schottischen Rose *(Rosa pimpinellifolia).* In den 50er Jahren veröffentlichte Graham Stuart Thomas seine Bücher über alte Rosen und die Geschichte ihrer Zuchtformen. Auf Thomas' Anregungen hin wurden Rosen damals als Sträucher in Rabatten gesetzt und oftmals mit einigen reizvollen Stauden unterpflanzt, statt sie, wie vordem üblich, in geometrisch angelegten Rosenbeeten zu verwenden.

Rechts oben: In East Lambrook führt ein gewundener Pfad zu dem ›Pagodenbaum‹, einem ausladenden Hartriegel (*Cornus controversa* 'Variegata'), vorbei an pinienzapfenförmig beschnittenen Scheinzypressen *(Chamaecyparis).* Ein rosablühender Strauch, *Kolkwitzia amabilis,* der mit Gamander *(Teucrium chamaedrys)* unterpflanzt ist, wächst gegenüber von Rosen, winterharten Storchschnabelarten und Wolfsmilchgewächsen. Die ganze Anlage zeigt einen entspannten, ungezwungenen Stil, dessen Hauptakzent auf den Pflanzen und ihren Zusammenstellungen liegt.

Rechts unten: Im Silbernen Garten von East Lambrook gedeihen mediterrane Pflanzen mit aromatischen und behaarten Blättern. Die feinen Härchen, sie verhindern in heißen Klimazonen die Wasserverdunstung, und die Blattstrukturen erzeugen den silbrigen Effekt. Über den Beeten liegt ein Duft, der an die Macchia des Mittelmeerraums erinnert. Margery Fish hat die heimischen Standortbedingungen ihrer Pflanzen genau studiert und für sie in ihrem Garten in Somerset möglichst ähnliche Voraussetzungen geschaffen.

ein erfahrener Obergärtner routinemäßig die Beete mit einjährigen Sommerblumen. Die Familie meines Mannes war mit den Fox-Strangways befreundet, die die halbtropischen Gärten in Abbotsbury an der Küste von Dorset besaßen. Stecklinge seltener und etwas empfindlicher immergrüner Pflanzen wurden von dort nach Hadspen gebracht und angepflanzt. Die dekorativen exotischen Bäume und interessanten Sträucher dienten dazu, in naturalistisch anmutendem Stil den italienischen Garten einzurahmen und stellten den Übergang dar zwischen der viktorianischen Beetbepflanzung und dem angrenzenden naturnah gestalteten Waldgarten, der damals gerade in Mode kam.

Gegenüber den früheren Arbeitsmöglichkeiten hatten wir natürlich Vorteile, als wir Ende der 60er Jahre mit der Restaurierung der Anlage begannen. Zum ersten Mal konnte man Mähmaschinen kaufen, mit denen man auch die ehemaligen Problemzonen unter überhängendem Strauchwerk in den Griff bekam. Uns standen auch moderne Herbizide zur Verfügung, um hartnäckige mehrjährige oder verholzte ›Unkräuter‹ zu schwächen oder gar zu vernichten. So konnten viele noch gesunde Pflanzen, die nur vollständig überwuchert waren, gerettet werden, nachdem die üppig gewachsene Unkrautdecke ringsherum aufgebrochen war. Andere Pflanzen wurden ausgegraben und durch neue ersetzt.

Das, was nach den ersten Aufräumarbeiten von dem alten Baum- und Strauchbestand noch erhalten geblieben war, wurde in den neuen dreistufigen Pflanzplan miteinbezogen. Danach sollten halbhohe dekorative Bäume mit ihren Kronen die ausladenden Sträucher überdachen, welche ihrerseits niedriger wachsenden Zwiebelgewächsen und Stauden Schutz bieten würden. Die verschiedenen Baum- und Strauchformen, die abweichenden Blattfarben und die unterschiedlichen Strukturen des Laubs sollten die Hauptakzente des Gartens bilden.

Von Anfang an hatten wir einen festangestellten Gärtner, der uns bei der groben Arbeit half, uns die Sorge um den ummauerten Küchengarten abnahm sowie die Beete nach ihrer Freilegung und Reinigung umgrub und mit organischem Dung und anderen organischen Zusätzen, die in der Gegend erhältlich waren, sorgfältig aufbereitete. Auf diese Weise wurde der steinige, alkalische Boden allmählich verbessert, so daß man ihn leichter bepflanzen und von Unkraut frei halten konnte. Um das zeitaufwendige Rasenmähen zu rationalisieren, wurde eine Unmenge immergrüner Bodendecker wie Immergrün *(Vinca)*, Schleifenblume *(Epimedium)*, Johanniskraut *(Hypericum)* und Beinwell *(Symphytum)* auf in den Rasen eingelassene Beete und unter die Sträucher gepflanzt, wo sie sich ungehindert ausbreiten, aber mit dem periodischen Mähen ohne viel Aufwand im Zaum gehalten werden konnten. Damit wurde die mühevolle Tätigkeit der Beschneidung der Rasenkanten überflüssig, und dennoch sah der Garten gepflegt aus.

Als ich 1968 mit der Restaurierung der Anlage von Hadspen begann, wußte ich noch so wenig über Gartengestaltung, daß ich für jede Unterstützung dankbar war. Zwar hatte ich bei meinen laienhaften Versuchen in dem kleinen Bauerngarten einige Praxis erworben, doch der Umgang mit einem so großen Gelände wie Hadspen drohte mich zu überfordern. In meinem ersten Garten hatte ich mein Augenmerk hauptsächlich auf Sträucher, ihre Wuchsformen und ihre Laubstruktu-

Rechts: Ein Blick auf das alte Wasserbecken in Hadspen zeigt den üppigen Pflanzenwuchs in diesem geschützten Garten. Viele nicht frostharte Kletter- und Mauerpflanzen blühen in den Spalten des Mauerwerks und säen sich dort immer wieder aus. Dieser Gartenstil benötigt zur Erhaltung ein Minimum an Arbeitsaufwand. Die kräftigsten Pflanzen geben den Ton an, breiten sich immer mehr aus und verhindern die Einnistung von Unkraut.

Gegenüber links: Unterhalb der Mauer und in gleicher Höhe mit dem Wasser können sich in Hadspen auf einem neuen Gartenbeet mit idealen feuchten Bedingungen Rodgersien und andere feuchtigkeitliebende Pflanzen ausbreiten. Die strenge Gartenarchitektur in diesem Teil der Anlage wird durch naturnahen Bewuchs mit kontrastierenden Blatt- formen und -strukturen aufgelockert.

Gegenüber rechts: Hinter der Rabatte oberhalb der alten Zisterne von Hadspen erstreckt sich entlang einer hohen Mauer ein Kiesweg. Regen und Schmelzwasser können an den Hängen dieses höchsten Gartenteils ungehindert ablaufen, so daß sich auf den terrassierten Beeten im Herbst und Winter kein Wasser staut.

ren gerichtet, und diese Vorliebe für Gehölze sollte mir bei der Entwicklung des Stils in Hadspen eine wertvolle Hilfe werden. Heute, nahezu 20 Jahre später, fällt es mir leicht, die Ideen eines Entwurfs herauszuarbeiten und die routinemäßigen Handgriffe zur Erhaltung der Anlage fortzuführen. Damals schien es mir jedoch außerordentlich aufreibend und mühevoll, den Garten freizulegen, die Beete zu säubern, und erst allmählich war ich in der Lage, einen pflegeleichten Stil zu entwickeln. Inzwischen bin ich dankbar für die hohen Anforderungen, die Hadspen vor Jahren an mich stellte, denn die viele praktische Arbeit erwies sich als ausgezeichnete Lehrzeit.

Glücklicherweise hatte gleichzeitig mit meiner Ankunft in Hadspen ein neuer, tatkräftiger Obergärtner die Betreuung der Gartenanlagen in Abbotsbury übernommen. Neben seiner umfangreichen Tätigkeit zur Erhaltung der Anlage eröffnete John Hussey auch eine kleine Baumschule, in der er viele Pflanzen, die sich gut in den Gärten entwickelt hatten, vermehrte und darüber hinaus auch seltene Gehölze vorrätig hatte, die in anderen Baumschulen nur schwer oder gar nicht erhältlich waren. Er überließ mir großzügig eine Menge Stecklinge von immergrünen Sträuchern, von denen er annahm, sie könnten den härteren Winter im Landesinnern ohne Schaden überstehen.

Die gewachsenen alten Gärten von Abbotsbury, die jetzt ungefähr sieben Hektar Land umfassen, sind im 18. Jahrhundert angelegt und seitdem kontinuierlich gepflegt und erweitert worden. Die ausgesuchten Bäume und Sträucher, die man heute auf dem Parkgelände bewundern kann, spiegeln das Interesse der Familie Fox-Strangways an zeitgenössischen Pflanzenneuheiten über eine Zeitspanne von mehr als hundertfünfzig Jahren wider. Für den historisch interessierten Pflanzenfreund wird der Garten zu einer Dokumentation über die Geschichte der Pflanzenentdeckungen.

Dichtes Waldland, hauptsächlich von immergrünen Eichen bestanden, bietet immer noch den wesentlichen Schutz gegen die salzhaltigen Winde und schafft ein nahezu frostfreies Kleinklima mit hoher Luftfeuchtigkeit und überdurchschnittlicher Niederschlagsmenge. In dem leicht sauren Boden mit einem pH-Wert zwischen 4 und 5 können Pflanzen der Ericaceae-Familie mit vielen Arten aus Südamerika und Australien wunderbar gedeihen. Hartriegel *(Cornus florida)* und Magnolien aus Amerika und Asien sind inzwischen zu riesigen Bäumen herangewachsen, und auch Mimosen oder die Chilenische Myrte *(Myrtus apiculata)*, die in den meisten Gärten nur als Büsche wachsen, haben hier die Ausmaße von Bäumen erreicht. Chusapalmen wachsen bis zu 13 Meter hoch, und ein Exemplar der im März blühenden *Magnolia campbelli* hat mehr als die Hälfte dieser Höhe erreicht. Ebenso üppig gedeihen inzwischen fast baumhohe Kamelien und viele großblättrige Rhododendren. An den Mauern des ursprünglichen Gartenbereichs ranken Kletterpflanzen in tropischer Fülle empor. Die seltene *Sinofranchetia chinensis*, die 1907 aus China eingeführt wurde, *Stauntonia hexaphylla* mit stark duftenden Blüten und die verwandte *Holboellia latifolia*, Cestrum-Arten aus Südamerika und weißblühende Solanum-Arten wachsen einträchtig neben Wisterien, Akebien und empfindlichen Rosenarten.

Als ich die Gärten zu Anfang der 60er Jahre zum ersten Mal besuchte, schienen sie völlig überwuchert und vernachlässigt. Innerhalb des Baumgürtels beherrschte die Natur – nicht die einheimische, sondern die tropische – den Garten. Wege waren kaum zu finden, geschweige denn zu verfolgen. Exotische Pflanzen mit großen glänzenden Blättern suchten einander im Schatten zu verdrängen. In offenen Lichtungen breiteten sich mediterrane Sträucher mit grauen, duftenden Blättern üppig aus. Ich erinnere mich noch genau, wie fasziniert ich damals von den dschungelartigen Effekten und den kontrastierenden Blattstrukturen und -formen war. Tatsächlich war dort nur wenig wirkliches Unkraut zu finden; statt dessen hatten immergrüne Sträucher wie *Gaultheria shallon* unter höheren Hartriegeln und Magnolien eine feste, undurchdringliche Bodenbedeckung gebildet. Abbotsbury ähnelte eher einer Wildnis als einem Garten. In Stil und Atmosphäre bildete der Park einen absoluten Kontrast zu der wohlgeordneten, makellosen Anlage von Knightshayes Court in Devon, die damals den anderen wichtigen Pol meiner gärtnerischen Ausbildung und Inspiration darstellte.

Oben: In Abbotsbury schaffen Ligularien und verschiedene Rhabarber, die vor allem wegen ihres Laubs und weniger wegen ihrer Blüten gepflanzt wurden, naturalistische Wirkungen. In den 60er Jahren schien der Garten völlig verwildert: Nicht Unkraut hatte sich ausgebreitet, sondern die üppig wachsenden exotischen Pflanzen, die sich in dem fruchtbaren Boden und den günstigen klimatischen Verhältnissen wie zu Hause fühlten. Rauschende Bambushaine entlang des Flusses wechselten mit weiten Flächen voller Gunnera und Rodgersien mit ihren prächtigen Schirmblättern.

Rechts: Ein asiatischer Rhododendron mit großen, unterwärts bräunlich filzigen Blättern hat unter den Zweigen eines zierlich belaubten *Gingko biloba* seinen Platz gefunden. Überall in Abbotsbury betonen Gehölze mit großen, glänzenden Blättern die dschungelartige Atmosphäre, die von der gesamten Anlage ausgeht.

Schon bald sah ich ein, daß es unmöglich war, die effektvollen, kontrastreichen Stile von Abbotsbury oder Knightshayes in Hadspen mit den gleichen Pflanzen nachzuvollziehen. Damals schien es mir wichtig, die Gesamtwirkung einer gebändigten Wildnis zu erzeugen, und in Abbotsbury hatte ich gesehen, wie wirkungsvoll das Nebeneinander von Blattformen und -strukturen sein konnte. Ich mußte also ähnlich aussehende Pflanzen finden, die für ein kälteres Inlandklima geeignet waren. In dem Waldgarten von Knightshayes war es wegen der günstigen klimatischen Verhältnisse möglich gewesen, auch empfindliche Bäume und Sträucher akzentuierter zu setzen. In Hadspen dagegen mußten sich die Gehölze gegenseitig schützen. Daher waren wir gezwungen, sie in dichten Gruppen zu pflanzen und konnten nur hoffen, daß durch häufiges und überlegtes Beschneiden die charakteristischen Konturen der einzelnen Exemplare optisch wirksam bleiben würden.

Ich hatte das große Glück, in den 60er Jahren über Margery Fish Sir John und Lady Armory in Knightshayes Court, Devon, und ihren Obergärtner Michael Hickson kennenzulernen. Vermutlich gibt es in ganz England keinen zweiten Garten, der für einen begeisterten Amateur anregender sein kann als Knightshayes, und niemand hätte großzügiger Wissen oder Pflanzenstecklinge weitergeben können als die Armorys. Dabei hielten sie keine gelehrten Vorträge, sie vermittelten ihre Kenntnisse und ihre Erfahrung einfach im Rahmen zwangloser, aber informativer Gespräche. Es gibt wohl kaum einen besseren Weg, die Kunst der Gartengestaltung kennenzulernen. Auch wenn ich akademische Kurse in Gartenbau und Botanik genommen hätte, wäre ich anschließend kaum unterrichteter gewesen als nach diesen Gesprächen bei Rundgängen im Garten.

Von all den nach dem Zweiten Weltkrieg neu angelegten Herrenhausgärten ist Knightshayes unbestritten der bedeutendste. Zwei stilistisch völlig verschiedene Themen wurden hier gegenübergestellt: Der Teil in der Nähe des Hauses besteht aus mehreren streng gestalteten, heckengefaßten Räumen und terrassierten Beeten; den Rest des Areals bedeckt ein naturbelassen wirkender Waldgarten (siehe Seite 146f.). Hier sind in lichtem Schatten einheimische und exotische Pflanzen zwanglos in Beeten angeordnet, die an den Rändern des bewaldeten Abhangs entlanggeführt wurden. Beide Gartenbereiche haben durch ihre ausgesuchte, genau aufeinander abgestimmte Bepflanzung jeder für sich den modernen Gartenbau beeinflußt und die Abkehr von einer übertrieben artenreichen Pflanzmode bewirkt, die nicht selten auf Kosten eines einheitlichen, überschaubaren Gartenplans gegangen war.

Mit dem leicht sauren Boden, der südlichen Hanglage, die auch ein ungehindertes Abfließen des Wassers ermöglicht, und den relativ milden Temperaturen im Winter bietet Knightshayes alle Voraussetzungen für die Zucht vieler nicht frostharter exotischer Pflanzen. Diese natürlichen Bedingungen werden durch effektive gärtnerische Techniken unterstützt, die viel zur Erhaltung der Gewächse beitragen. Häufig müssen für die empfindlichen Pflanzen spezielle kleinklimatische Verhältnisse geschaffen werden; darüber hinaus gibt es Maßnahmen für einen ausreichenden Winterschutz, bei dem auch die für Frostschäden anfälligen Wurzeln durch eine hohe Mulchdecke vor zu niedrigen Temperaturen geschützt werden. Mauerpflanzen werden im Winter mit

Links oben: Die Gärten von Knightshayes umfassen streng gestaltete Terrassen und naturalistisches ›Waldland‹. Für beide Bereiche wurde die geeignete Bepflanzung sorgfältig ausgewählt. Selbst ein stilistisch unerfahrener Gärtner kann die gegensätzlichen Gartenthemen deutlich erkennen. Von der Terrasse blickt man über das Parkland und die Hügel von Devonshire.

Links unten: In jedem Gartenbereich von Knightshayes ist die Bepflanzung der jeweiligen Lage des Grundstücks angepaßt. Die empfindlichen silberblättrigen Pflanzen in dem von Hecken eingefaßten Parterre-Garten werden im Winter mit Glas-›Tischen‹ abgedeckt, um sie vor Feuchtigkeit zu schützen.

Mitte: Auf der oberen Terrasse rahmen zu Pyramiden geschnittene Eiben eine Bleizisterne aus dem 18. Jahrhundert, die zweimal jährlich saisonal bepflanzt wird.

Ganz rechts: Der Teichgarten in Knightshayes ist von abgetreppt beschnittenen Eibenhecken umgeben, deren kantige Konturen einen wunderbaren Kontrast zu den rundlichen Kronen und dem sanften Laubwerk der dekorativen Bäume bilden.

losem und zu Matten geflochtenem Stroh abgedeckt und empfindliche Jungpflanzen erhalten einen Windschutz aus aufrecht stehenden Strohmatten. Unter den Baumkronen im Waldgarten sind die Auswirkungen der kalten Winde weniger extrem. Hier sind die Pflanzen so überlegt plaziert worden, daß sie von der schützenden Überdachung profitieren können und trotzdem nicht mit den sich ausbreitenden Wurzeln der Bäume um Feuchtigkeit kämpfen müssen. Waldpflanzen, die sauren Boden lieben, haben in torfverkleideten Hochbeeten im Schatten einen angemessenen Platz gefunden. Alpine und sonnenliebende Pflanzen wachsen in Rabatten auf den Terrassen in der Nähe des Hauses. Am Fuß der Ziegelmauer des viktorianischen Gutshauses blühen Iris, verschiedene Tulpen, Nerinen, Spaltgriffel *(Schizostylis)* und herbstblühende Goldkrokusse *(Sternbergia)* neben einer Reihe frostempfindlicher Mauersträucher und Kletterpflanzen.

Natürlich gibt es auch zahlreiche andere Gärten, die einen oder mehrere thematisch unterschiedliche Bereiche aufweisen, aber nur in

Knightshayes ist diese Konzeption so deutlich auf alle Möglichkeiten des Grundstücks abgestimmt. Ich hatte das große Glück, Knightshayes gerade in der Zeit ein- oder zweimal im Jahr besuchen zu können, als sich mein Blick für die Details der Gartenarbeit zu schärfen begann. Mit dem Notizblock in der Hand hörte ich aufmerksam den Armorys und Michael Hickson zu. Und ich besuche sie auch heute noch und höre nicht auf zu lernen. Die ausgesucht kräftigen Pflanzen, die ausgezeichnete Planung und die akribische gärtnerische Arbeit stellen hohe Ansprüche an jeden, der die Anlage nachzuahmen versucht, und sei es auch nur in Teilbereichen.

Jeder nach einem durchdachten Plan angelegte Garten ist ein Kompromiß zwischen der Liebe zu natürlich wachsenden Pflanzen und der in jedem Fall eine Kunstform darstellenden Einheit aus Pflanzen und Architektur. Je eher ein Gärtner oder Gartenarchitekt akzeptiert, daß in einem strengen historischen Kontext zwischen Haus und umgebendem Garten eine stilistische Verbindung besteht, desto besser wird er in der Lage sein, einen Garten zu entwerfen, der auf das jeweilige Anwesen genau zugeschnitten ist. Kenntnis und Würdigung der Gartengeschichte können so zur Grundlage werden, zu einer Art ›Grammatik‹ für die eigenen gärtnerischen Ideale.

In den 70er Jahren bot sich mir die langersehnte Gelegenheit, viele Gärten in Italien, vor allem in der Toskana, in der Nähe von Florenz, Lucca und Siena, zu besuchen. Die meisten der Anlagen, die ich besichtigte, waren reine Renaissance-Entwürfe, bei denen verschiedene Gartenräume mit einer Villa aus dem 15. oder 16. Jahrhundert verbunden waren und die auch untereinander zusammenhängenden Räume einen direkten Bezug zum Haus selbst hatten. Alles war geometrisch geformt, ausgewogen angelegt und hervorragend proportioniert. Die späteren barocken Gärten mit ihren geschwungenen Steinbalustraden und phantastischen Statuen zeigten sich weniger nach innen orientiert, sondern boten freie Ausblicke weit über die Gartengrenzen hinaus. Fast alle diese Gärten waren eine Zeitlang vernachlässigt worden; einige waren

Ganz links: In Knightshayes ist die Trennung zwischen dem geometrisch angelegten und dem Waldgarten deutlich markiert, wodurch die unterschiedliche Ausstrahlung beider Bereiche besonders hervortritt. Von den streng gegliederten Terrassen führt eine kurze Treppe in das ›Waldland‹. Dort herrscht zwar ein naturnaher Stil vor, dennoch hat der Sammlerinstinkt bei der Bepflanzung niemals die Regeln der Proportion und der Ausgewogenheit aus den Augen verloren.

Links oben: In einer offenen Lichtung im Waldgarten von Knightshayes hat sich das Große Schöllkraut *(Chelidonium majus)* mit seinen graugrünen Blättern und den blaßgelben Mohnblüten zusammen mit der Sterndolde *(Astrantia major)* ungehindert ausbreiten können und wird von einer Gruppe Asiatischer Ahornbäume leicht überschattet. Das Schöllkraut ist wahrscheinlich von den Römern eingeführt worden. Mit dem Saft der Stiele wurden Warzen und Augenkrankheiten behandelt.

Links unten: In derselben Lichtung lädt eine hölzerne Bank unter den sich neigenden Zweigen einer Strauchrose zum Ausruhen ein. Alle Pflanzen sind hier in lichten Schatten getaucht. Rosen und viele seltene Sträucher lieben diese Bedingungen und gedeihen im Schutz der sich über ihnen ausbreitenden Zweige. Man muß unbedingt darauf achten, daß der Pflanzabstand zu den Baumwurzeln groß genug ist.

Oben: Die Gärten der Renaissancevilla La Gamberaia außerhalb von Florenz sind Ende des letzten Jahrhunderts restauriert worden. Von der Villa blickt man über das Wasser-Parterre, das die längliche Terrasse ausfüllt, die sich oberhalb der Weinberge erstreckt. Jenseits der geometrischen Teiche, die von streng beschnittenen Büschen aus Buchs und Eibe flankiert werden, schaut man durch die Arkaden einer Zypressenhecke auf das Tal des Arno. Die lineare Wegführung erschließt ein rundes Wasserbassin mit Fontäne im Zentrum des Parterre.

Rechts: Unterschiedlich große Kugeln aus Buchsbaum schmücken den Hauptteil des Gartens. Im Verein mit dem dichten, rechtwinklig und getreppt beschnittenen Buchs-Parterre entsteht ein Linienspiel, das typisch ist für den frühen Renaissancegarten.

damals im Verfall begriffen, andere neuzeitlich ergänzt oder ›modern‹ restauriert worden und einige wenige waren reine Neuschöpfungen, das heißt Nachbildungen nach historischen Plänen aus dem 16. Jahrhundert oder einer noch früheren Zeit.

Sir George Sitwells »On The Making of Gardens« (1909) beschreibt ausführlich die Prinzipien, die der Planung dieser italienischen Gärten zugrunde gelegen haben. Sein Buch und die Betrachtung der Gärten selbst eröffneten mir eine völlig neue Gartenwelt. Zunächst ging es mir mehr darum, die Anlagen zu durchwandern und zu betrachten, als sie auf Details des Epochenstils hin zu analysieren. Ich spürte, daß die Gärten reine Architektur waren. Alleen aus himmelwärts strebenden Zypressen umrahmten die Fassade einer Villa (siehe Seite 71) und bildeten einen betont vertikalen Kontrast zu den graugrünen Olivenhainen der umgebenden Landschaft. Schattenspendende Steineichen, *Quercus ilex*, gewährten den Gartenräumen, die in elegante, wenn auch schon verfallene Steinterrassen eingelassen waren, Schutz vor der Sonne und eine gewisse Intimität. Balustraden und das rustikale Mauerwerk künstlicher Grotten spiegelten sich im Wasser; steingefaßte Kaskaden rieselten über steile Treppen hinab. Zitronenbäume in riesigen verzierten Terracotta-Töpfen hatten in Beeten Platz gefunden, die mit Buchs eingefaßt waren (siehe Seite 70). Von beschnittenen Zypressen und Buchs umrahmte Theater wurden zur Bühne für die zu Statuen erstarrten Figuren aus der Commedia dell' arte (siehe Seite 76). Mir fiel auf, daß es in diesen Gärten nur wenige Blütenfarben gab. Das Grün der Zedern, Zypressen und des Buchsbaums in seinen verschiedenen Schattierungen und Strukturen bildete einen sanften Hintergrund für das typische graue Mauerwerk. Die stärksten Kontraste ergaben sich aus Sonnenlicht und Schatten, stillem und bewegtem Wasser, und die Atmosphäre von geheimnisvoller Abgeschiedenheit, die mir unvergeßlich geblieben ist, wurde nur hier und da unterbrochen von sorgsam inszenierten Ausblicken auf ferne Berge oder Flußtäler.

Als ich wieder nach England zurückgekehrt war, entschlossen wir uns 1974, einige Teile des Gartens von Hadspen neu zu gestalten, und ich hatte Gelegenheit, meine Erfahrungen in dem Buch »The Country Gardener«, das mich zwei Jahre in Anspruch genommen hat, niederzuschreiben. Diese Arbeit zwang mich dazu, besonders auf die Details zu achten und die Gartentechniken genau zu analysieren. Vor allem konnte ich während des Schreibens alles, was ich über die botanische Nomenklatur gelernt hatte, besser verstehen und vertiefen. Beim Schreiben über das Gärtnern stellte ich fest, daß es ebenso wichtig ist, etwas über die Geschichte der Gartenstile zu wissen, wie bedeutende Gärten zu besuchen und sich davon Aufzeichnungen zu machen. Ich trat daher der 1965 gegründeten Garden History Society bei und hatte Gelegenheit, wichtige historische Gartenanlagen in England und im Ausland zu besuchen. Oft wurde ich dabei von Experten begleitet, die ihr Wissen bereitwillig weitergaben. 1976 habe ich Norditalien bereist und unter anderem versucht, den Giardino dei Giusti zu ergründen.

Mitte der 80er Jahre wurde ich aufgrund meiner Schriften zu Vorträgen eingeladen und gelegentlich auch bei der Neugestaltung oder Restaurierung historischer Gärten hinzugezogen, zunächst innerhalb Europas, und später besuchte ich dann auch die Vereinigten Staaten.

Dabei konnte ich meine stilistischen Kenntnisse vertiefen und, was noch wichtiger war, neue Erfahrungen auf dem Gebiet des Gartenbaus unter extremen klimatischen Bedingungen sammeln.

In England sind die von den Pflanzen tolerierten Kältegrade und Windstärken aufgrund des weniger extrem schwankenden Klimas recht einfach zu ermitteln; auf dem Kontinent und in den Vereinigten Staaten wird die Einteilung der Toleranzgrenzen für niedrige Temperaturen durch heiße Sommer kompliziert, in denen das Holz ausreifen kann, wodurch laubabwerfende Gehölze die winterlichen Minusgrade dort besser überstehen als in englischen Gärten. Auch zu hohe Temperaturen und Trockenheit können Pflanzen überfordern, ganz abgesehen davon, daß sie das Wuchsverhalten beeinflussen. In heißen, trockenen Klimazonen wachsen die Pflanzen daher nur im Winter oder während der Regenzeit. Die Ausstattung, der ›Stil‹ des Gartens muß speziell auf diese klimatischen Bedingungen abgestimmt werden.

In den Vereinigten Staaten verwenden daher viele der besten zeitgenössischen Gartenarchitekten die einheimischen und exotischen Pflanzen, die in der jeweiligen Lage gut gedeihen, und verzichten darauf, Gärten auch hinsichtlich der Bepflanzung stilecht nach klassischem europäischem Muster anzulegen. Andere Gärten wie Blake House (siehe Seite 36 f.) basieren zwar auf italienischen Entwürfen des 16. Jahrhunderts, beinhalten aber innerhalb der traditionellen geometrischen Anlage exotische Pflanzen und sind insgesamt etwas naturnaher gestal-

tet. Ich habe diesen Garten im Herbst 1987 besucht und war beeindruckt von der erfolgreichen Anpassung eines italienischen Gartenplans an das kalifornische Klima.

Die Gärten von Royaumont liegen am äußeren Rand der Ile de France. Dieses Gebiet im Inland, weit entfernt vom Atlantik und dem warmen Golfstrom, hat ein kontinentales Klima, das von kalter Luft beeinflußt wird, die von der Landmasse der sibirischen Ebenen herüberströmt. Heiße, vor allem trockene Sommer machen künstliche Bewässerung notwendig. Der Boden muß kräftig gedüngt werden. 1985 hat Baron Nathaniel de Rothschild auf meinen Rat hin viele der Hauptpflanzbereiche erneuert; es wurden dabei Gehölze ausgewählt, die den klimatischen Gegebenheiten gewachsen sind. Heute setzt sein englischer Gärtner Jim Priest die Arbeit fort.

Die Gärten weisen sowohl strenge als auch frei gestaltete Bereiche auf. Große Rasenflächen, die dem ersten Blick hinter Eibenhecken verborgen bleiben, werden von Waldzonen umsäumt, die den Hintergrund für Randbeete mit Rhododendren und Kamelien und für lange Rabatten bilden, die nach verschiedenen Farbschemata bepflanzt worden sind (siehe Seite 140). Die Küchengärten wurden in rechteckige Abteilungen gegliedert, in denen heute hauptsächlich Schnittblumen gezogen werden (siehe Seite 162). Eine Fülle von Stauden und einjährigen Sommerblumen belebt den Garten in der warmen Jahreszeit mit ihrem Duft und ihren sommerlichen Blütenfarben.

Links oben: Hinter dem Rosengarten von Royaumont hebt sich eine Reihe Italienischer Pappeln klar umrissen vor dem Himmel ab. In dem weiten Areal davor sind nur blasse Farben verwendet worden; Stauden und einjährige Blumen wurden zwanglos zwischen Rosenbüsche und Gruppen silberblättriger Pflanzen gesetzt. Durch diesen Gartenteil, der in verschiedene Pflanzbereiche gegliedert ist, führt in der Mitte eine Grasallee, die von Spalier-Obstbäumen flankiert wird. Säulen aus Gitterwerk dienen als Kletterstützen für duftendes Geißblatt.

Links unten: Die neu angelegte Rabatte neben dem Swimmingpool von Royaumont, deren Blüte im August ihren Höhepunkt erreicht, ist hauptsächlich blauen Blumen und Pflanzengruppen mit silbrigen Blättern vorbehalten. Weiße Blüten setzen hier und da Akzente. Von den nicht winterharten Salvien ebenso wie von den meisten silberblättrigen Pflanzen müssen in jedem Herbst Stecklinge abgenommen und bewurzelt werden, die dann im nächsten Frühjahr wieder ausgesetzt werden können.

Rechts: Die gemischte, dicht bepflanzte Hauptrabatte in Royaumont, die sich an einer dunklen Eibenhecke entlangzieht, besteht aus Sträuchern, Rosen, blühenden Stauden und Lilien. Sechs in regelmäßigen Abständen gepflanzte strubbelköpfige Robinien *(Robinia pseudoacacia* 'Umbraculifera') verleihen der Rabatte eine gewisse Strenge, die im Kontrast zu dem ungezwungenen Stil der Bepflanzung steht.

Giardino dei Giusti

Der Garten der Giusti in Verona wurde im 16. Jahrhundert oder sogar noch früher angelegt. Auf einem steilen Hang über dem linken Ufer der Etsch hat damals die Familie Giusti, die aus der Toskana stammt, eine Reihe Terrassen anlegen lassen, von denen steile Treppen zu einem Pavillon und einem Aussichtspunkt führen. Die Fontänen, die Muscheldekorationen an den Felsen und das mit Buchs kunstvoll gestaltete Renaissanceparterre, die es früher hier gab, erinnerten eher an einen toskanischen Entwurf als an den norditalienischen Stil. Ursprünglich war jede Abteilung des Parterre von hohen Zypressen umgeben. Heute rahmen nur Buchshecken und Blumenbeete die Figuren von Pietro Muttoni ein, die man im 18. Jahrhundert dort aufgestellt hat. Der Hauptweg, der vom Tor in einer geraden Linie zu den steilen Felsen oberhalb des Gartens führt, ist noch wie damals mit Zypressen (allerdings mit inzwischen erneuerten) eingefaßt. Sie bilden ein wesentliches Gestaltungsmerkmal des Gartens.

Während des 19. Jahrhunderts war die Anlage in ein Giardino inglese, das heißt in einen Landschaftsgarten umgestaltet worden, aber in diesem Jahrhundert kehrte man allmählich wieder zu einer geometrischen Gliederung zurück, und heute bilden die Muster aus niedrigen, geschnittenen Buchshecken wieder einen schönen Kontrast zu den dunklen, hochragenden Zypressen. Thomas Coryate beschreibt 1611 in seinen »Crudities« den Garten als »einen vergänglichen, erquickenden Ort des Trostes, geziert von vielen merkwürdigen Knoten, Früchten verschiedener Art und zwei Reihen stattlicher Zypressen, dreiunddreißig in jeder Reihe«. Noch im gleichen Jahrhundert hat auch John Evelyn, ein in der englischen Gartengeschichte bedeutender Gartenarchitekt und Autor einer wissenschaftlichen Abhandlung über Waldbäume, den Garten besucht und die Zpressen besonders lobend erwähnt.

Oben: Jenseits des Zypressenwegs führen Steintreppen zwischen laubabwerfenden Bäumen, die mit einem immergrünen Bodendecker unterpflanzt sind, hinauf zu einer in den Fels gehauenen Grotte. Die Bepflanzung auf den Hängen spiegelt die freie Gestaltung der Anlage des 19. Jahrhunderts wider und steht in formalem Kontrast zu den Parterres darunter.

Links: Taillenhohe Buchshecken umschlossener Beete, durchzogen von kiesbestreuten Wegen, bilden das vielfältige Muster der ausgedehnten Parterres zu beiden Seiten der Zypressenallee. In den italienischen Gärten des 16. und 17. Jahrhunderts waren die Buchshecken gewöhnlich maximal 60 cm hoch, so daß man die Ornamente von den Räumen der angrenzenden Villa aus gut überblicken konnte. In diesem Fall erschließt sich die Zeichnung der Parterres erst vom Pavillon auf der Spitze der Anhöhe aus. Die Zypressenallee bildet die Hauptachse des Gartens und verbindet mit ihren Wipfeln die beiden unterschiedlich hohen Gartenbereiche.

Blake House

Oben: Die Gartenanlage von Blake House in Kalifornien soll dem Entwurf der Villa Tusculana in Frascati nachempfunden sein. Zu hohen Bäumen gewachsene Exemplare der *Magnolia grandiflora* flankieren einen Wassergraben. Unter der gebogenen Steintreppe verbirgt sich eine Grotte, die mit blauen Kacheln eingefaßt ist. In ihrem kühlen Schatten haben sich Ilexfarne *(Cyrtomium falcatum)* ausgesät.

Rechts: Über der Grotte heben sich die Silhouetten zweier Irischer Eiben gegen den Wald ab, wo hohe rosablühende *Impatiens* und *Dianella tasmanica* mit ihren blauen Früchten im Schatten gedeihen. Der Eingang zur Grotte wird auf beiden Seiten von Himmlischem Bambus *(Nandina domestica)* eingerahmt, und purpurfarbene Trichterwinden klettern am Mauerwerk empor.

Die Gärten von Blake House in Kensington, Kalifornien, gehören heute zu der University of California in Berkeley. Im Jahre 1922, als das Haus gebaut wurde, war das Grundstück ein den Winden ausgesetzter Hügelhang mit malerischen Felsvorsprüngen, die sich unterhalb des Hauses im Westen bis zu einem steilen Kliff hinzogen. In den 30er Jahren wurde dieser Bereich mit sonnenliebender einheimischer Flora und mediterranen Sträuchern, Zwiebelgewächsen und Stauden, die in dem günstigen warmen Klima gezogen werden konnten, dicht bepflanzt. Hecken aus *Melaleuca* und hohen *Cornus capitata* trennen den Bereich, wo Kiefern und Kalifornische immergrüne Eichen *(Quercus agrifolia)* den Blick auf San Francisco und die Golden Gate Bridge einrahmen, von einem streng gestalteten Rosengarten auf der Südseite des Hauses. Auch im Norden fällt das Grundstück steil ab. Hier ist die Schlucht mit Hainen aus den einheimischen Sequoien, *Sequoia sempervirens,* bepflanzt worden, die heute mit ihren Kronen Baumfarne, einheimische Schwertfarne *(Polystichum munitum),* Ilexfarn *(Cyrtomium falcatum)* und viele Waldpflanzen beschatten.

Die Gärten wurden von Mrs Anson Stiles Blake und ihrer Schwester Mabel Symes, die Landschaftsarchitektur in Berkeley studiert hat, nach italienischen Vorlagen entworfen und mit einheimischer und exotischer Flora ausgestattet. Im Osten ist die Anlage streng geometrisch gestaltet. Zu beiden Seiten des Wasserkanals sind dicht bepflanzte Beete von Hecken aus frostempfindlichem australischem *Syzygium paniculatum* eingefaßt. Im Süden geben gelbe Blüten- und Blattfärbungen den Ton an und im Norden werfen mächtige Ahornbäume ihre Schatten über Beete, die verschwenderisch mit rosablühenden Kolkwitzien, *Brugmansia suaveolens* und Japanischen Anemonen gefüllt sind.

Ein Garten in seiner Umgebung

Der Garten in der Landschaft · Die Anbindung an das Haus

Lage und Klima · Der eingefriedete Garten

Villa Noailles · Ein streng gestalteter Garten

Ein ländlicher Garten · Der Garten von Thomas Church

Ein Reihenhausgarten

Jede Art von Garten entsteht durch das Zusammenwirken von Kunst und Natur. Wenn die Annäherung erfolgreich war, spürt man das an dem Eindruck ruhiger Harmonie, den die Anlage nach einiger Zeit ausstrahlt. Der ideale Garten schmiegt sich so eng an seine Umgebung an, daß beides unwillkürlich als Einheit akzeptiert wird. Ein angemessener Gartenplan muß daher passend zum Haus, seiner Umgebung und den heimischen Pflanzen entworfen werden. Darüber hinaus sollte die Anlage auch den Lebensstil und die Bedürfnisse des Besitzers widerspiegeln.

Wenn das Haus einer bestimmten historischen Periode angehört, dann sollte sich der Gartenstil auch möglichst nach der jeweiligen zeitgenössischen Mode richten. Knotengärten und beschnittene Bäume und Sträucher passen zu Palästen aus der Zeit des endenden 16. und beginnenden 17. Jahrhunderts. Streng geometrische Anlagen mit Rabatten, die von Eiben- und Buchshecken eingefaßt werden, sind typisch für Häuser aus dem späten 17. Jahrhundert. Dieser strenge Stil war auch zu Beginn unseres Jahrhunderts beliebt, als die Gartengestalter wieder auf historische Vorbilder zurückgriffen.

Thomas Church hat auf dem Land in Kalifornien Gärten entworfen, deren Linienführung sowohl auf die umgebende Landschaft außerhalb, als auch auf die architektonischen Gegebenheiten innerhalb des Gartens (z. B. Schwimmbecken) abgestimmt ist. Seinen eigenen Garten in San Francisco (siehe Seite 62 f.) hat er ganz konventionell entworfen, passend zu einem Haus am Hang aus dem frühen 19. Jahrhundert.

Abgesehen von der formalen Anbindung, die ein Garten an das Haus, das er umgibt und einrahmt, braucht, steht er auch aufgrund seiner Lage in engem Kontext zu seiner Umgebung, das heißt, jedes Grundstück ist den gleichen klimatischen und anderen allgemeinen Bedingungen ausgesetzt wie die Landschaft in der es liegt. Damit ist die Art seiner Bepflanzung vorgeschrieben oder zumindest nahegelegt. Heimische Bäume und Sträucher im Garten unterstreichen die örtlichen Gegebenheiten und stellen eine Verbindung zu der jeweiligen Gegend her. So ist beispielsweise die Primär- und Sekundärbepflanzung der Gartenanlagen von Serre de la Madone (siehe Seite 38 f.) oder der Villa Noailles (siehe Seite 54 ff.) in einem Stil gehalten, der auf dem jahrhundertealten Terrassenbau für Wein und Oliven basiert.

Seite 38 und Seite 39: Die Gärten von Serre de la Madone auf einem steilen Hügelhang in der Nähe von Menton an der französischen Riviera wurden auf Terrassen angelegt, die ehemals für Olivenplantagen und Weinbau bestimmt waren. Lawrence Johnston, der die Gärten von Hidcote entworfen hat, hat auch hier gelebt, wo er mit vielen empfindlichen Pflanzen experimentieren konnte. Die Gärten spiegeln seine Liebe für strenge Rahmengestaltung wider. Zypressen und Buchs, Kiefern und Efeu ergeben zusammen ein einheitliches Muster. Ein Zitronenhaus, die Stützmauern der Terrassen, Steinstufen und dekorative Töpfe vervollständigten das Grundgerüst der üppig bepflanzten Anlage.

Heute ist der Garten zum Teil vernachlässigt, aber viele exotische Pflanzen wachsen weiter zwischen bröckeligem Mauerwerk und gedeihen neben einheimischer Macchia. Der Hauptstamm des fremdartigen *Dasyliron acrotrichum*, einer Wüstensukkulente, ist umgeknickt und liegt zwischen Pelargonien, die die Wintertemperaturen in diesem Kleinklima gut überstehen.

Links: Vom Château de Courances im Wald von Fontainebleau, südlich von Paris, blickt man über ein Barock-Parterre mit anschließendem Wasserkanal in eine breite Schneise, die in den Wald geschlagen worden ist. Die Anlage ist im 17. Jahrhundert von Le Nôtre entworfen und in den 1930ern von Achille Duchêne restauriert worden.

Oben: Der Terrassengarten des Palazzo Piccolomini in Pienza, er stammt aus dem 15. Jahrhundert, ist auf den Ausblick in die weite Landschaft im Tal darunter ausgerichtet worden. Die von doppelten Buchshecken umgebenen Parterres sind das gelungene Ergebnis neuerer Restaurierung. Obwohl der Garten Ausblicke in die Umgebung gewährt, hat er dennoch eher intimen Charakter.

Ganz links: In Newby Hall in Yorkshire erstreckt sich der Hauptausblick Richtung Süden zwischen langen Rabatten zu den Ufern des Flusses Ure. Das Haus aus dem späten 17. Jahrhundert thront auf einer leichten Anhöhe, eine exponierte Lage, die bereits vor der Ausarbeitung des eigentlichen Gartens in den 20er Jahren durch eine balustradengefaßte Terrassierung und einen quer zur Hauptachse verlaufenden Weg betont wurde. Hier rahmen Irische Eiben venezianische Statuen ein, die im 18. Jahrhundert nach dem Entwurf des viktorianischen Architekten William Burges entstanden sind.

Links: In der Anlage des Saint Gauden House in New Hampshire bilden das Haus, die Bäume, die Hecken und ein Rasen, der sich von der Hausfront aus absenkt, ein einheitliches Gartenschema. Bäume mit breiten Kronen und die kontrastierende hohe schlanke Pappel bringen Weite und Höhe in das Konzept und stellen den Ausgleich dar zu der ausgebreiteten Rasenfläche. Ein gut entworfener Garten ist weit mehr als nur ein zweidimensionaler Plan auf dem Papier; sein Erfolg wird wesentlich von der dritten Dimension bestimmt, das heißt, daß Flächen- und Höhenausdehnung in einem ausgewogenen Verhältnis stehen müssen. Hier scheint der Gartenplan perfekt zu sein. Geschickte Details wie die Trompe l'œil-Tür, die durch Treppen verbundenen Terrassen und die Rabattenbepflanzung zu beiden Seiten der Blickachse unterstützen den axialen Aufbau.

Gärten können mit Absicht so angelegt werden, daß der Blick auf die umliegende Landschaft zu einem wichtigen Bestandteil des visuellen Gesamteindrucks wird, wie es beim Palazzo Piccolomini der Fall ist; sie können aber auch als versteckte Oasen entworfen werden, fern und abgeschlossen von der Außenwelt. In diesem Fall können Bepflanzung und ›Stil‹ mit jeder natürlichen Vegetation oder Stadtplanung in Kontrast stehen. Es gibt auch ländliche Gärten, die fast ganz nach ›innen gewendet‹ und von Hecken oder Waldland umgeben sind, doch meistens findet sich dann in einem Gartenteil ein sorgfältig gewählter Ausblick auf einen Berg oder ein fernes Tal. In einem Stadtgarten wird vielleicht der Ausblick auf einen Kirchturm oder ein anderes Bauwerk zu einem Blickfang und kann optisch so in den Entwurf integriert werden, als ob es tatsächlich im Garten stünde. In dicht besiedelten Gebieten ist die Hintergrundbepflanzung eines Gartens oftmals ›geliehen‹; ein Gartenplan muß dann die Position der Bäume in den Nachbargärten berücksichtigen, die je nach Höhe auch die ›Himmelslandschaft‹, nämlich das Muster, das Kronenformen oder auch einzelne Zweige vor dem Himmel bilden, beeinflussen. Doch nicht allein die Anpassung kann einem Garten Atmosphäre verleihen, auch bewußt herausgearbeitete Gegensätze sind möglich. So kann ein Garten, der von naturbelassenem Waldland umgeben ist, formal ganz streng gehalten sein und so das dem Menschen innewohnende Ordnungsideal betonen (siehe »Ein streng gestalteter Garten«, Seite 58). Der wildwuchernde Wald bietet dann als ›ungebändigte Natur‹ die Folie, vor der sich die sauber beschnittenen Büsche und Einfassungen deutlich abheben. Ein extremes Beispiel für derartige Kontrastwirkungen ist der berühmte Garten von Levens in Cumbria mit seinen in Form geschnittenen Gehölzen (siehe Seite 103) mitten in einer ›romantisch‹ wilden Landschaft.

Die meisten Häuser, ob groß oder klein, benötigen eine Art ebener Plattform als Fundament. An Hängen kann diese Basis durch Terrassen und verbindende Stufen, die dem Niveauausgleich dienen, erweitert werden (siehe Newby Hall und St. Gauden). In großen Gärten stellt der ebene Bereich in der Nähe des Hauses oft eine abgeschlossene Einheit dar und ist vielleicht der einzige Teil der ganzen Anlage, in dem eine private Atmosphäre herrscht und Blumen gezogen werden, während der Rest des Gartens, obwohl gleichfalls von Menschenhand geplant und angelegt, als Teil der Landschaft erscheinen soll. Italienische Renaissancegärten, englische Gärten des endenden 16. und französische Gärten des 17. Jahrhunderts waren oft in einzelne, thematisch getrennte Räume aufgeteilt, in denen die Pflanzen und auch die Architektur eine besondere Bedeutung hatten und auf unterschiedliche Weise eingesetzt wurden. Oft waren die ebenen Gartenbereiche, die Parterres, in strengen Mustern gehalten, damit der Garten auch von den Fenstern aus optisch reizvoll war. Ein solches Konzept mit der Gliederung in verschiedene Bereiche eignet sich ebenso gut für Anlagen von bescheidener Größe. Selbst kleine Gärten lassen sich in der Regel in wenigstens zwei

Links: Der brasilianische Landschaftsarchitekt Roberto Burle Marx hat seinen eigenen Gartenstil geschaffen, bei dem er besonderen Wert auf die Verwendung einheimischer Pflanzen legt. Dieser Park in Brasilien, für das Ehepaar Montiero entworfen, ist Ausdruck der Burle Marxschen Auffassung von Gartengestaltung, in der aus einer perfekten Mischung aus Kunst und Natur die Ideallandschaft entsteht.

Rechts: In Magnolia Plantation, etwas außerhalb von Charleston, South Carolina, umgeben Waldgärten mit Rhododendren, Azaleen und Kamelien natürliche Sumpfgebiete, wo sich einheimische immergrüne Magnolien *(Magnolia grandiflora)*, Sumpfzypressen *(Taxodium distichum)*, Blumenhartriegel *(Cornus florida)* und immergrüne Eichen *(Quercus virginiana)* im dunklen Wasser spiegeln. In einem anderen Gartenbereich dominieren im Stil des 17. Jahrhunderts streng beschnittene Buchshecken, aber es ist der bezaubernde ›Naturgarten‹, der mit dieser südlichen Landschaft zu einer Einheit verschmilzt.

unterschiedliche Kompartimente aufteilen, die mehr oder weniger deutlich voneinander abgegrenzt sein können.

Der typisch englische Landschaftsgarten des 18. Jahrhunderts mit seinen weiten Parkflächen als elegante Kulisse für prächtige Herrschaftshäuser im Kolonialstil bot nur wenige Möglichkeiten, blühende Pflanzen zu verwenden oder eine Atmosphäre von intimer Abgeschiedenheit zu schaffen. Die Gartenbesitzer wollten gern den Eindruck erwecken, als ob sie auch das jenseits der Gartengrenzen sichtbare Land besäßen. Im Jahrhundert davor hatte der gleiche Grundgedanke französische Gartenarchitekten veranlaßt, breite Alleen mitten durch die natürlichen Wälder zu schlagen, um die Illusion zu erwecken, der Garten erstrecke sich bis in ihre Tiefen hinein (siehe Courances, Seite 40). Dabei handelte es sich wohl eher um Landschafts- als um Gartengestaltung. Heutzutage, wo unserer Umwelt immer größere Aufmerksamkeit geschenkt wird, ist die Konzeption eines Gartens, der allmählich und fast unmerklich in einer natürlichen Landschaft aufgeht, wieder sehr gefragt, vorausgesetzt die Lage des Grundstücks ist dafür geeignet. Der Übergang zwischen Kunst- und Naturlandschaft wird gewöhnlich durch heimische Gehölze gestaltet. In Crarae in Schottland (siehe Seite 145) vermitteln Birken zwischen dem eher exotisch ausgestatteten Garten und den mit Heide bedeckten Hügeln. Der Garten Patricia Thorpes im Staat New York (siehe Seite 60f.) öffnet sich zum umliegenden Weideland und nimmt gleichzeitig die charakteristischen alten Steinmauern, die es in einzelne Felder unterteilen, als Gliederungselemente und als Betonungen der Niveauunterschiede des Terrains auf. Durch eine gute Drainage wurden außerdem ideale Wachstumsbedingungen für alpine Pflanzen geschaffen.

Wie geschickt ein Gärtner auch sein mag und wie gut die Pflanzen auch gedeihen mögen, der Garten wird niemals ein Erfolg werden, wenn der für ihn gewählte Stil nicht zur Architektur und zur Größe des Hauses paßt. Ein Garten im ländlichen Stil rings um ein großes Herrschaftshaus wirkt lächerlich, und verschlungene Wege, eingefaßt mit in Form geschnittenen Gehölzen, die auf einen modernen Bungalow zulaufen, sind in gleicher Weise unbefriedigend. Eine moderne Betonarchitektur kann von dichten Laubwerkeffekten umgeben sein, die bizarre Schatten werfen und so das etwas nüchtern scheinende Material wirksam beleben. Der brasilianische Gartengestalter Roberto Burle Marx verwendet in dieser Weise verschiedene Gehölze mit buntem Laub und auffälligen Strukturen, um moderne Architektur mit Wüstenlandschaften zu verbinden (siehe Seite 44).

In dem eingetieften Gelände neben dem alten Tudor-Palast von Hatfield hat Lady Salisbury einen Garten entworfen, der stilistisch mit der Architektur harmoniert. Ein kunstvolles Knotenmuster aus der Tudorzeit, das nur mit den Pflanzen ausgefüllt ist, die schon zur Zeit des Hausbaus hätten verwendet werden können, und ein Buchslabyrinth im Stil des 16. Jahrhunderts sind die Hauptbestandteile der Anlage.

Völlig anders ist die Atmosphäre in dem nach ländlicher Manier gestalteten Garten von Owl Cottage auf der Isle of Wight. Charakteristisch für die Anlage ist ihre Unabhängigkeit von historischen Stilen. Bauerngartenpflanzen waren immer solche, die am leichtesten zu haben waren. Gewöhnlich wurden sie aus Ablegern und Samen gezogen, statt daß man sie in Gärtnereien erstand. Rosen, Mohn und Glockenblumen säumen hier einen Gartenweg.

Lage und Klima

Lage, Bodenart und -beschaffenheit, niedrigste und höchste Temperatur, Luftfeuchtigkeit und Niederschlagsmenge sind die Faktoren, die die Pflanzenauswahl eines Gartens beeinflussen. Heute werden die Pflanzen nach Klimazonen eingeteilt, das heißt für jede einzelne Sorte wird die niedrigste Temperatur angegeben, die sie noch vertragen kann.

Leider hat man sich bis heute nur wenig mit der Frage beschäftigt, wieviel Hitze und Trockenheit eine Pflanze verträgt. Die Lage des Grundstücks kann die Auswirkungen des Frosts mildern oder verstärken. Den meisten Schaden richten Spätfröste in einem geschlossenen Gartenbereich an. Am günstigsten hinsichtlich der Frostresistenz der Bepflanzung hat sich ein Grundstück in Hanglage erwiesen, da dort die Niederschläge im Herbst und das Schmelzwasser im Frühjahr besser abfließen. Südhänge profitieren am meisten von der Sonne, was die Wachstumsphase der Pflanzen verlängert. Ist das Grundstück jedoch schutzlos eisigen Winden ausgesetzt, so reduziert sich die Transpiration der Blätter (zwei Drittel des aufgenommenen Wassers geben sie in der Regel durch Verdunstung an die Atmosphäre zurück), und die Pflanzen sterben ab. Dagegen kann eine dicke Schneedecke für viele Stauden zum geeigneten Winterschutz werden.

Manchmal können ungünstige Klimafaktoren mit Hilfe geschickter und überlegter gärtnerischer Techniken beeinflußt werden. In Neuengland umwickelt man immergrüne Sträucher und frostempfindliche Mauersträucher mit Netzen oder Plastikbahnen, um sie vor dem Vertrocknen zu schützen. In weniger rauhem Klima bieten Lagen aus Maschendraht, die mit Stroh gefüllt werden, und zeltartige Überdachungen aus Tannenzweigen ausreichenden Schutz.

In gewissen Grenzen ist es möglich, örtliche Bedingungen zu verändern, damit Pflanzen erfolgreich auch dort gedeihen, wo alle Faktoren offensichtlich dagegen sprechen. Die Bodenbeschaffenheit kann entsprechend den Bedürfnissen der Pflanzen aufbereitet werden (siehe Dower House, Seite 192). Diese Möglichkeit bietet sich besonders für geometrisch gestaltete

Ganz links: In Western Hills im Norden von San Francisco kann man eine Vielfalt exotischer Pflanzen unterschiedlicher heimischer Standorte ziehen, so auch *Erythrina crista-galli,* den Korallenstrauch aus den Regengebieten Brasiliens. Schon in geringfügig kälterem Klima gedeiht er nur als niedrige Unterpflanzung und muß im Winter bis auf den Boden zurückgeschnitten werden.

Mitte: In der Mitte des 19. Jahrhunderts hat Celia Thaxter auf der Insel Appledore an der Küste von Maine einen Garten angelegt, dessen massiver Holzzaun einen wirksamen Schutz vor atlantischen Sturmböen darstellte. Nach ihrem Tod im Jahr 1893 verfiel die Anlage allmählich, aber 1977 hat man begonnen, die Bepflanzung anhand der detaillierten Angaben in ihrem Buch »An Island Garden« vollständig zu erneuern. Wegen der schwierigen Lage des Grundstücks stellte ihre gärtnerische Arbeit eine Art Experiment dar, und ihre Schriften beschreiben die gescheiterten Versuche ebenso wie die errungenen Erfolge. Die Abbildung zeigt den restaurierten Garten. Taglilien, Mohnblumen, Kornblumen, Mädchenauge *(Coreopsis)* und Wicken gedeihen trotz der salzhaltigen Luft und der extremen sommerlichen Hitze und Trockenheit. Der amerikanische Impressionist Childe Hassam (1859–1935) hat den Garten wiederholt zum Gegenstand seiner Bilder gemacht.

Links: In der Gartenanlage von Tresco Abbey auf den Scilly-Inseln ermöglichen milde Temperaturen und eine hohe Luftfeuchtigkeit die Kultur vieler exotischer Pflanzen unterschiedlichster Herkunft. Die Gärten wurden auf einem Südhang angelegt und mit Zypressen *(Cupressus macrocarpa)* und Kiefern *(Pinus radiata)* vor Winden abgeschirmt. Auf den Trockenmauern haben sich dickblättrige Aeonium-Arten, blaublühende Winden *(Convolvulus sativus)* und Pelargonien ausgebreitet, die zusammen ein natürlich anmutendes Bild ergeben.

Gärten an, bei der die Pflanzen eine offensichtlich künstliche Rolle spielen. In einem Waldgarten, wo ein naturnaher Eindruck angestrebt wird, sollte man Pflanzen verwenden, die unter den vorhandenen Bedingungen gut gedeihen. Erhöhte Beete und Pflanzbecken bieten eine gute Möglichkeit, Spezialerden für nicht-heimische Pflanzen in den Garten zu integrieren. Versuche, die Beschaffenheit der Böden in normalen Beeten und Rabatten zu verändern – vor allem der Versuch, den Boden saurer machen zu wollen –, können nur für kurze Zeit Hilfe bringen, da der in dem angrenzenden Boden enthaltene Kalk in Kürze in den neuen Bodenbereich eindringen wird.

In fast allen Gärten gibt es Stellen, an denen ein günstiges Kleinklima bereits herrscht oder hergestellt werden kann, so daß dort die Temperaturen dann höher liegen, als sie normalerweise für die Gegend angegeben werden. Es lohnt sich, dort mit Pflanzen zu experimentieren, die einer wärmeren Zone angehören. Die Einteilung in Klimazonen kann nur Richtwerte geben, denn jede Gartenlage hat ihre eigenen Gesetze. Um darüber entscheiden zu können, ob bestimmte Pflanzen im eigenen Garten gut gedeihen werden, kann man die Bedingungen ihres heimischen Standorts studieren und überlegen, ob es möglich ist, vor Ort für sie ähnliche Voraussetzungen zu schaffen.

Der eingefriedete Garten

Ein umschlossener Garten ohne Ausblick nach draußen ist zweifellos als Oase gedacht. Solche Gartenräume können als Erweiterungen des Hauses betrachtet werden und müssen keine Verbindung zu ihrer Umgebung aufweisen. Statt dessen kann der Gartenplan ganz auf die Persönlichkeit und die Bedürfnisse des Besitzers zugeschnitten sein. Die Pflanzen können eine rein dekorative oder eine praktische Funktion haben, oder auch beide in sich vereinen.

Der ursprüngliche Hortus conclusus des Mittelalters, ein kleiner Garten, der von einer Mauer oder einem Zaun umgeben war und in dem mitunter eine schattige Laube stand, spiegelte ein Bedürfnis nach Abgeschiedenheit und Sicherheit wider. Im Christentum wurde ein ummauerter Garten zu einem Symbol für die jungfräuliche Braut und darüber hinaus zum Symbol für die Jungfrau Maria. »Ein verschlossener Garten ist meine Schwester Braut, ein verschlossener Garten, ein versiegelter Quell« heißt es im Hohenlied (4,12). Mitte des 14. Jahrhunderts beschreibt Boccaccio in seinem »Decamerone« imaginäre italienische Gärten, die den Übergang zwischen dem Mittelalter und der Renaissance bezeichnen. Die Gärten waren ummauert, eingezäunt oder von undurchdringlichen Hecken umgeben, und sie waren im wesentlichen Zufluchtsorte aus einer qualvollen Welt. »Wenn das Paradies auf Erden geschaffen würde, dann könnte es unmöglich irgendeine andere Form annehmen.«

Ihre Abgeschlossenheit bewahrte diese Art von Gärten vor der Beeinflussung durch gängige Moden. So besteht auch ihr Reiz gerade darin, keinerlei stilistischen Zwängen unterworfen zu sein. Einige von ihnen sind maßvoll und streng gestaltet; andere sind üppig mit Pflanzen geschmückt, um dschungelartige Effekte zu erzielen. Aber wie sie auch aussehen, für ihre Besitzer bieten sie paradiesische Zurückgezogenheit.

In einem gepflasterten Winkel dieses von der Außenwelt abgeschlossenen Gartenhofs sind schattenliebende Pflanzen mit auffallenden Blattformen und interessanten Blattstrukturen sorgfältig arrangiert worden. Riesiges Herkuleskraut *(Heracleum)* entfaltet seine Blüten über Farnen, Rodgersien und *Agapanthus*. Um die Holzbalken, die den Hof überdachen, rankt sich Echter Wein, der im Hochsommer für Schatten und Kühle sorgt, und im Winter, wenn er seine Blätter verloren hat, das Licht durchscheinen läßt.

In einem schmalen Stadtgarten in Plymouth sind die Mauern dicht mit Schlingpflanzen bewachsen, darunter rosablühende Clematis und weiße Lilien, die auf der Suche nach Licht eine stattliche Höhe erreicht haben. Der Garten wirkt absichtlich überladen, und ein Spiegel hinter dem Gitter soll diese Wirkung noch unterstreichen und durch die Reflexion des Lichts für mehr Helligkeit sorgen. Dieser Garten macht den Eindruck, als erfordere er nur wenig Arbeitsaufwand, in Wirklichkeit aber bedürfen die Pflanzen ständiger Pflege, um so gesund und kräftig auszusehen.

Rechts und unten: In einem kleinen Garten im Zentrum von New York schaffen Farne, Gräser, Bambus und blühende Pflanzen in Töpfen eine exotische, üppige Dschungelatmosphäre. Der Anstrich des Hauses in der Komplementärfarbe Rot bringt die Grüntöne des Laubes zu voller Wirkung. Die Bewegung der Blätter und das von glänzenden Blattoberflächen reflektierte Licht erzeugen interessante Schattenspiele. Diese Art der Gartengestaltung läßt sich mit dem Arrangieren von Blumen vergleichen. Unterschiedliche Farben und Formen werden zu Bildern komponiert und immer wieder variiert; das oberste Ziel ist es aber, eine grüne Oase als Kontrast zu der Betonwüste der Stadt zu schaffen.

Villa Noailles

Oben: Rings um einen runden Teich auf der obersten Terrasse werden Töpfe mit der weißblühenden winterharten *Zantedeschia aethiopica* als gestalterische Elemente verwendet. In strenge Formen geschnittene Eibenhecken gewähren Schutz vor heftigen, durch die südwestliche Hanglage bedingten Fallwinden.

Rechts: Geschnittene Eiben, die aussehen wie alte bemooste Steinquader und -platten, rahmen einen Gartenteil, der üppig mit Pfingstrosen bepflanzt ist, zu deren Füßen sich ein Gittermuster aus Sauerklee *(Oxalis)* erstreckt. Am Ende des Päonienbeetes steht eine mit einer Wasserspirale geschmückte Säule, die einer Fontäne aus der Villa Aldobrandini in Frascati nachempfunden wurde.

Die Gärten der Villa ließ der Vicomte de Noailles zum großen Teil erst nach dem Zweiten Weltkrieg anlegen, obwohl er das an einem steilen Südhang gelegene Haus schon viel früher erworben hatte. Das Grundstück, das über eigene Quellen mit Wasser versorgt wird und, wie in eine Schale gebettet, gegen Nordwinde geschützt ist, bot optimale Voraussetzungen für eine Gartenanlage. Auch nach dem Tod des Vicomte wird der Garten in seinem Sinn weiter gepflegt.

Der Plan ist einfach: Terrassen, die ehemals ausschließlich mit Olivenbäumen bepflanzt waren, erstrecken sich westwärts den Hang hinab. Diese ebenen Bereiche, die durch Hecken in intime, versteckte Gartenräume unterteilt wurden, sind thematisch unterschiedlich bepflanzt worden, wobei viele seltene exotische Gewächse ausgewählt werden konnten sowie mediterrane Pflanzen mit aromatischen Blättern und Blüten. In der Nähe des Hauses sind die Kompartimente von Buchsbaum eingefaßt, die in merkwürdige kissenartige Formen, Sitznischen und Statuen geschnitten worden sind. Im Eingangshof erinnern kleine in die Mauer eingelassene Brunnen an die Villa d'Este. Kriechendes Bubiköpfchen *(Soleirolia soleirolii)* bildet einen sanftgrünen Teppich auf dem Stein.

Hohe, schlanke Zypressen und Bäume mit breiten Kronen ragen über den Terrassen auf. Vierzig Jahre alte Magnolien, Davidien und zahlreiche Pappeln gedeihen hervorragend in der Wärme der heißen Sommer und der Feuchtigkeit, die aus den tiefer gelegenen Wiesen aufsteigt. Das Geräusch von plätscherndem Wasser ist überall im Garten präsent: Aus einem runden Wasserbecken steigt eine zierliche Fontäne, Springbrunnen sprudeln und eine Kaskade rieselt über die Stufen der Terrassen.

Oben und rechts: Eine Pergola aus über Eisenträger gezogenen rosa- und weißblühenden Judasbäumen *(Cercis siliquastrum)* erstreckt sich entlang einer der höher gelegenen Terrassen der Villa Noailles. Bevor die Judasbäume ihre Blätter zeigen, entfalten sie im Frühling eine Fülle wunderbarer Blüten. Im Sommer bilden sie dann einen schattigen grünen Laubengang.

Ganz rechts: Auf den Terrassen unterhalb der Villa hat sich im Gras unter seltenen Bäumen und alten Oliven ein Meer von Narzissen ausgebreitet.

Ein streng gestalteter Garten

Die Gartenarchitektin Nancy McCabe lebt im nördlichen Connecticut, wo ihr Garten aus dem natürlichen Wald von Weymouthskiefern *(Pinus strobus)* und Zuckerahornen *(Acer saccharum)*, der einen steilen Hang hinter ihrem Haus bedeckt, geradezu herausgeschnitten wurde. Die terrassenförmige Anlage ermöglichte die Gestaltung unterschiedlicher Gartenbereiche. Strenge geometrische Formen mit genau festgelegten Pflanzthemen rahmen das Haus ein und bilden einen starken Kontrast zur umgebenden Natur. Auch in den Gärten, die sie für ihre Kunden entwirft, geht Nancy McCabe, wann immer die Lage des jeweiligen Grundstücks dazu geeignet erscheint, auf Konfrontation mit der ›ungebändigten‹ Natur, indem sie mit formal strengen Raumaufteilungen deutliche Gegensätze zu der natürlichen Umgebung schafft. Patricia Thorpes Garten im Staat New York (siehe Seite 60f.), wo die Bepflanzung des Grundstücks unmerklich in die idyllische Landschaft übergeht, illustriert dagegen eine genau entgegengesetzte Auffassung. Nancy McCabe lehnt in ihrem Garten bewußt jegliche Nachahmung der Natur ab und betont mit der geordneten Anlage die ›Unnatur‹ des Gartens an sich.

Links: Das Gelände unmittelbar an der Südostseite des Hauses wurde angehoben, um eine rechteckige Rasenfläche zu schaffen; dahinter senkt sich eine niedrige Mauer zu dem nächsten Gartenbereich ab. Hier umschließt ein einfacher grüner Lattenzaun ein zentrales Rasenstück, das von einer Staudenrabatte eingefaßt wird, die in Pastelltöne gehalten ist: Pfingstrosen und Färberhülse *(Baptisia)* gedeihen neben Katzenminze und Nachtviole *(Hesperis matrionalis)* aus den benachbarten Wäldern. Die Beete sind mit alten Ziegeln eingefaßt, über die hinweg sich die Pflanzen ungestört ausbreiten können.

Links: Im Küchengarten sind die streng angelegten Beete zwischen den mit Backsteinen gepflasterten Wegen mit alten Kacheln aus Savannah eingefaßt. Tulpen der Sorte 'Rembrandt' und Tulpen mit lilienförmigen Blüten blühen im Früh ling zwischen Lavendelbüschen, die die kalten Winter nur mit knapper Not überstehen.

Ganz links: Später im Jahr wachsen im Küchengarten zahlreiche Sommergemüse neben dem inzwischen blühenden Lavendel.

Ein ländlicher Garten

Patricia Thorpe, eine Autorität auf dem Gebiet dekorativer Blumenarrangements und Autorin des kürzlich erschienenen Buches »The American Weekend Garden«, hat ihren eigenen Garten in Otsego County im Norden des Staates New York angelegt. Sie hat rund um ein altes Fachwerkhaus einen Garten im bäuerlichen Stil entworfen, in dem sich Blumenbeete an niedrige Trockenmauern schmiegen, die noch von den Farmern der Pionierzeit stammen. Die Thorpes haben sie repariert oder auch ergänzt, um für die verschiedensten Pflanzen einen passenden Hintergrund und für alpine Pflanzen gut drainierte Standorte zu schaffen. Dieses Netzwerk aus niedrigen Terrassen, das fast vollständig mit hängenden und kletternden Pflanzen überwachsen ist, erstreckt sich bis hinunter zu dem am tiefsten gelegenen Gartenbereich, einem mit Gräsern, Wasserschwertlilien *(Iris pseudacorus)* und Bartlosen Iris *(Iris sibirica)* umwachsenen Teich.

Klima und Landschaft sind hier rauh. Einige Strauchrosen, darunter die beliebten *Rosa glauca, R. macrantha* und die dunkelkastanienbraune 'Tuscany' mit ihren dekorativen Dornen und Holzäpfeln verleihen dem Hauptteil des Gartens Höhe, während eine Fliederallee im Norden und eine Rosenhecke im Westen den erforderlichen Schutz bieten, ohne den Garten konkret von den umliegenden Wiesen abzugrenzen. Das Grundstück liegt mitten in einer schon lange be- aber noch nicht zersiedelten Landschaft. Botanisch gesehen ist der Erfolg des Gartens Pat Thorpes genauer Kenntnis der unterschiedlichen Standortansprüche der ausgewählten Pflanzen zuzuschreiben. Der Garten ist aber auch deutlicher Ausdruck ihres Interesses an Pflanzenraritäten. Durch die Verwendung winterharter Gewächse, die gut in der dortigen Gegend gedeihen, und ihre Anpflanzung in größeren Gruppen von unterschiedlicher Höhe, hat Pat Thorpe die Konturen der Landschaft nachgezeichnet und fortgesetzt. Es ist ihr gelungen, die Blüten und das Laub einheimischer und exotischer Pflanzen in vollkommener Harmonie miteinander zu verbinden.

Links und oben: Rabatten wie diese, dicht bepflanzt mit Lilien und Gräsern, sind typisch für Pat Thorpes Gartenstil. Ein klassisches Staudenbeet besteht aus Pflanzengruppen, die dicht zusammenwachsen, keine Stütze benötigen und nur wenig Arbeit machen. Die Nahaufnahme zeigt, wie elegant die Samenköpfe der Mohnblume sind. Ein neuer amerikanischer Gartenstil nutzt die natürliche Schönheit der krautartigen Pflanzen aus, von denen viele heimisch sind. Nicht allein ihre sommerlichen Blütenfarben und reizvollen Samenköpfe, auch ihre Blätter, die sich nach scharfem Frost braun oder golden färben, sind sehr dekorativ.

Rechts: Der Steingarten, der jenseits der Grenzen unmerklich in Weideland übergeht, bietet sich mit seinen niedrigen Mauern und seinem gut durchlässigen Boden als idealer Standort für alpine Pflanzen an.

Der Garten von Thomas Church

Oben und unten: Im Vorgarten schafft beschnittener Buchsbaum eine orientalische Atmosphäre; am Boden rahmen blühende Clivien *(Clivia miniata)* und Aspidistren eine Statue.

Das Haus, das der amerikanische Gartenarchitekt bewohnte, liegt in der Hyde Street, oberhalb von San Francisco. Vor dem Haus öffnet sich ein von gekappten Platanen überdachter Eingang zu einem schattigen Hof, in dem Baumfarne unter dem dichten Laub von Klebsame *(Pittosporum)* wachsen. Geschnittener Buchsbaum rahmt die imposante Treppe ein, die zur Haupttür des Hauses führt. Die Anlage des Innengartens, den man durch einen mit Kletterpflanzen bewachsenen Mittelbogen unter der Treppe erreicht, strahlt eine mediterrane Atmosphäre aus.

Tom Church wurde 1902 in Boston geboren, wuchs aber in Kalifornien auf. Er begann seine Tätigkeit als Gartenarchitekt zu einer Zeit des Umbruchs, in der sich zusammen mit einem neuen Lebensstil auch ein steigendes Interesse an Freizeitgestaltung entwickelte. ›Freizeit‹ bedeutete nach Churchs Auffassung auch freie Zeit im Garten. Und auf dieses Leben im Freien, unter der Sonne Kaliforniens, begann Church seine Entwürfe auszurichten. Ähnlich wie die Gärten im Mittelmeerraum, den er 1927 bereiste, verlangten auch kalifornische Gärten viel Schatten und ausreichende Bewässerungsmöglichkeiten. Von diesen Überlegungen ausgehend, gestaltete er einfache Gärten mit vielen funktionalen gepflasterten Bereichen und einer wenig arbeitsaufwendigen Bepflanzung. Gewöhnlich war das Areal durch Schnitthecken von der umgebenden Landschaft abgetrennt, einheimische Gehölze wie die in Kalifornien immergrüne Eiche *(Quercus agrifolia)* und der Erdbeerbaum *(Arbutus menziesii)* beschatteten jedoch das Grundstück, das auf diese Weise in seine natürliche Umgebung eingebunden wurde. In den 30er Jahren experimentierte Church mit freieren Formen, da er zu der Ansicht gekommen

war, daß ein Gartenraum in seiner Gestalt nicht scharf umrissen sein sollte. In den letzten Jahren vor seinem Tod, er starb 1978, hat er streng geometrische Gärten geschaffen, die auf das Haus oder einen Teich ausgerichtet sind. In seinen Stadtgärten legte er besonderen Wert auf einen architektonischen Rahmen aus Wegen, Stufen, Zäunen oder Gittern. Er hielt immer an seiner Überzeugung fest, daß Garten und Haus, in der Stadt wie auf dem Land, auf den Lebensstil der Besitzer zugeschnitten sein und in die Landschaft passen sollten.

Links unten und unten: Im Innenhof neigt sich eine weiße Wisterie malerisch über ein dekoratives Gitter und beschattet ein Buchs-Parterre auf einem Kiesbett. In den Beeten zwischen dem Buchs blühen Rosenbüsche, und auf einer Holzbalustrade sind Töpfe aufgereiht.

Ein Reihenhausgarten

Oben: Ein gelbes Rosenbäumchen beherrscht eine Gartenecke, in der blaßgelbe Petunien und leuchtendgelbe Ringelblumen das Farbschema abrunden. Jedes rechteckige Beet ist mit niedrig wachsenden Sträuchern eingefaßt, um die dichte Bepflanzung einzudämmen. Die geraden Linien des Pflasters werden durch die fließenden Laubformen des bronzefarbenen Günsels (*Ajuga reptans* 'Atropurpurea'), von Thymian und anderen kriechenden Pflanzen zwischen den Steinplatten überspielt.

Hinter einem kleinen Haus in Chelsea, nur ein paar Schritte von einer verkehrsreichen Straße entfernt, hat Mrs Sainty einen Garten angelegt, der in Beeten und Kübeln viele unterschiedliche Pflanzenformen zeigt. Die Grundfläche ist nicht größer als 12 × 5,5 m, und dennoch unterteilen verschiedene Themen und sorgfältig gewählte Farbschemata den Garten geschickt in fast getrennte Bereiche. Auf kleinem Raum ist es besonders wichtig, durch sorgsam entworfene Raumkonzepte den Garten optisch größer erscheinen zu lassen, deshalb werden hohe Pflanzen und große Töpfe so plaziert, daß hinter den von der Sonne beschienenen Gartenteilen Schattenpartien entstehen.

Ein ebenes, regelmäßiges Pflaster verbindet die einzelnen Gartenbereiche, deren Unterteilung durch Gitterwände und Pergolen sowie durch Blumenbeete ohnehin nicht streng vollzogen wird. Mauern, Wege und Pflaster schaffen einen architektonischen Zusammenhang. Innerhalb dieses sachlichen Rahmens breiten sich die lebenden Organismen der Pflanzen aus und mildern die harten Umrisse des Mauerwerks. Mrs Sainty, die zuvor auf dem Land einen größeren Garten besaß, hat auf dem kleineren Raum bewußt Pflanzen und Gefäße eingesetzt, ohne Zugeständnisse an den verkleinerten Maßstab zu machen.

Gegenüber rechts: Die Gitterpergola rahmt einen Blick in den Garten ein, der im Vordergrund von einem großen, üppig bepflanzten Kupfertopf beherrscht wird. Buchskugeln in schönen schwarzen Urnen unterstreichen das eingerahmte Gartenbild. In einem kleinen Garten, in dem der horizontale Pflanzraum begrenzt ist, sollten auch platzsparende Hochstämme und dekorative Töpfe verwendet werden.

Oben: Blickt man vom Garten auf die von Gitterwänden umgebene Sitzecke, dann sorgt der dicht gepflanzte Leberbalsam *(Ageratum)* in dem buchsgefaßten Beet für ein geschlossenes Bild und stellt zugleich einen wunderbaren Kontrast zu den gelben und weißen Blüten in dem Kupfertopf dar. Die Hochstammrosen täuschen eine Hecke vor, die die Gartenbereiche voneinander trennen soll.

Die Struktur eines Gartens

Entwurf des Grundgerüsts

Alleen · Hecken · Immergrüne Einfassungen

Bogen und Laubengänge · Wege und Treppen · Wasser im Garten

Jenkyn Place · Ein Garten von Russell Page · Great Dixter

Das vorangehende Kapitel hat sich mit den Vorzügen und Grenzen der Lage der Grundstücke und ihrer Umgebung beschäftigt und hat Gärten vorgeführt, die entweder mit der umgebenden Natur verschmelzen oder aber in deutlichem Kontrast zu einer Landschaft oder einer städtischen Umgebung stehen. Dieses Kapitel nun befaßt sich mit dem Gerüst einer Gartenanlage, untersucht seine Strukturelemente – Wege und gepflasterte Bereiche, Rasenflächen, Bäume, Hecken, Pergolen und andere Elemente – und zeigt, wie sie zum Gesamtbild des Gartens beitragen können. Alle zusammen bilden sie die architektonische Struktur des Gartens. Ohne dieses Skelett würde der sekundären Bepflanzung die Geschlossenheit fehlen, und das Ergebnis wäre unbefriedigend. In vielen älteren Gärten, in denen sich die sekundäre Bepflanzung voll entwickelt hat, ist der architektonische Rahmen ganz in den Hintergrund getreten und nur noch schwer zu erkennen, aber sein bloßes Vorhandensein läßt den Gesamtplan als sinnvoll erscheinen. Seine kompakten Formen – seien es Mauern, Zäune oder immergrüne Sträucher und Hecken – dienen als Hintergrund für vielfältige Blumen- und Blattstrukturen.

Die Schwarzweiß-Photographie eines Gartens oder eine nur auf vertikale und horizontale Linien beschränkte Bleistiftskizze, die ja beide auf die Ablenkung durch die Farben verzichten, lassen die Elemente des Gartens klar hervortreten. Die einfarbige Abbildung enthüllt die strukturierende Funktion der Pflanzen: Sie zeigen Dichte und Masse, sie spielen eine architektonische Rolle, ob nun einzeln als Blickfang, in Paaren oder Gruppen, ob als Hecke in einer fortlaufenden Reihe oder zu einem flachen dichten Teppich zusammengepflanzt.

Die Struktur eines Gartens darf nicht kompliziert sein. Wie bei allen Gartenthemen gilt auch hier, daß Ausgewogenheit nur mit Einfachheit geschaffen werden kann. Ein übertriebener, allzu kunstvoller Entwurf kann die Gartenatmosphäre zerstören, vor allem dann, wenn der Raum begrenzt ist. Um ein Gefühl von Unruhe zu vermeiden, sollten kleinere Gärten weniger gestaltende Elemente aufweisen. Ein einfaches Pflanzschema, das für einen Teil eines großen Gartens verwendet wurde, läßt sich oft gut als ausschließliches Thema eines kleinen Gartens übernehmen. Da der Besitzer oder Planer eines großen Gartens viel Raum für die Gestaltung zur Verfügung hat, macht er selten den Fehler, zu viele Elemente zu verwenden oder in einem Gartenteil, der auf einen Blick erfaßt wird, zu viele Themen auf einmal unterbringen zu wollen. In einem kleinen Garten ist oft das Gegenteil der Fall. Ich glaube, daß es wichtig ist, große, gut angelegte Gärten zu besuchen, um die Wahrnehmungsfähigkeit für ausgewogene Proportionen zu schärfen.

Um einen kleinen Garten wohlproportioniert zu gestalten, reicht es oftmals schon, einen oder zwei Solitärbäume als Gegengewicht zur Masse des Hauses sowie zur Belebung des Gartenhorizonts zu setzen und die Ebene durch eine weiche Rasenfläche zu betonen. Dieses Gerüst kann dann mit Sträuchern und ein- oder mehrjährigen Blütenpflanzen ›ausgepolstert‹ werden.

In vielen Gärten sind bereits von Menschenhand geschaffene strukturierende Elemente vorhanden. In einigen modernen Anlagen spielen Mauern, Stufen und gepflasterte Bereiche die Hauptrolle, und die Bepflanzung läßt sich eher mit der Möblierung eines Raumes vergleichen, in dem Wand- und Bodenfarben nicht verändert werden können. Unter den vielen verschiedenen Baustoffen, die in der Gartenarchitektur bis zum heutigen Tag verwendet werden, gibt es leider auch unnatürliche, störende Materialien wie scharfkantige geschnittene Platten, Gußsteine, vorgefertigte Betonteile oder Eternit, die alle zu künstlich sind,

Seite 66 und Seite 67: Die Winterszene in dem Canneman-Inselgarten, Neerlangbroek, zeigt, wie einheitlich der Garten gestaltet ist. Die regelmäßige Linienführung, wie sie der Winter enthüllt, wird im Sommer von einer Fülle üppig blühender Pflanzen umspielt und verändert. Holländische Gärten, die fast ausnahmslos völlig eben sind, waren schon immer berühmt für ihre interessante Binnenstruktur. Schnitthecken schaffen ein Gefüge vertikaler und horizontaler Linien. Innerhalb der Heckenräume entstehen einzelne Pflanzbereiche für blühende Sträucher, Rosen und Stauden. Durch das Heckenszenarium wird der Blick zu einer Statue geführt, die von dichtem dunklem Laub eingerahmt ist, das den dahinter liegenden Schloßgraben vor den Augen verbirgt. Die strenge geometrische Heckengliederung des Grundplans wird im Sommer von Blüten- und Blattfarben gedämpft, so daß sie optisch zurücktritt und den freien, ungebändigt wuchernden Formen der Strauchrosen das Feld überläßt. Diese Art der Gartengestaltung, bei der Farben und fließende Pflanzenformen einen vollkommenen Kontrast zu der strengen Anlage bilden, ist Ausdruck der harmonischen Zusammenarbeit von Gartenarchitekt und Pflanzenliebhaber.

Links: Ein geometrischer Grundplan, der vielleicht wie in Seven Pines, Pennsylvania, durch niedrige Hecken mit hohen, kegelförmigen Eckbetonungen gegliedert ist, läßt sich gut auf verschiedene Gartengrößen übertragen. Hier bildet das dunkle Laubwerk einen interessanten Rahmen für eine Statue. Streng gestaltete Gärten müssen nicht immer mit Blütenpflanzen angereichert sein, denn die Konturkontraste der immergrünen Formpflanzen allein bieten einen reizvollen Anblick.

Oben: Arkaden aus Weißbuchenhecken, Obelisken, Kugeln, Stufenbäume und Beeteinfassungen aus Eiben gehören zum architektonischen Repertoire von La Mormaire, außerhalb von Paris. Die geometrischen Formen der von Menschenhand gestalteten Pflanzen stehen im Kontrast zu den natürlich gewachsenen Baumkronen des rahmenden Waldgürtels. Die Schnitthecken bieten zusätzlichen Schutz vor dem Wind und bilden das Grundgerüst des Gartens, das durch eine einfache ›Möblierung‹ ergänzt wird: Farben- und Pflanzenthemen sind getrennten Bereichen zugewiesen, und die Pflanzen sind in großen, üppigen Gruppen angeordnet.

Rechts: Zitronenbäume in Terracotta-Töpfen hinter beschnittenen Buchshecken säumen einen Weg, der zu einem zypressenbestandenen Pavillon führt – ein Thema, das sich auch auf kleinere Gärten übertragen läßt. Die Villa Vicobelli bei Siena aus dem frühen 16. Jahrhundert und die Terrassen des Parks wurden von Baldassare Peruzzi (1481–1536) für die Bankiersfamilie Chigi entworfen. Der Gartenplan ist typisch für seine Zeit: Eine Reihe von Räumen auf verschiedenen Ebenen ist rings um die Villa angeordnet, und axial verlaufende Wege sind auf Tore und Eingänge ausgerichtet.

Gegenüber links: Die steil aufragenden Zypressen dieser eindrucksvollen Allee werfen am Nachmittag schlanke diagonale Schatten auf den Boden. Die Barockvilla Cetinale bei Siena wurde 1680 nach den Plänen Carlo Fontanas für den Kardinal Flavio Chigi gebaut. Von einer imposanten zweiflügeligen Treppenanlage an der Nordfassade schaut man über die Allee auf eine Einsiedelei, die tief im Wald auf einem Hügel liegt (Kardinal Chigi ließ sie zur Sühne für seine in der Jugend begangenen Untaten erbauen).

Gegenüber rechts: Die gekappten Linden von Cranborne Manor in Dorset wirken nach dem Schnitt den Herbst und Winter über zwar recht streng, nach dem Neuaustrieb im Frühjahr bilden sich dafür aber dichte Kronen. Durch das Kappen der Bäume kann man deren Wachstum nach Wunsch lenken und so angenehm schattige, kühle Plätze gestalten: Das Einkürzen der Haupt- und Seitentriebe auf immer wieder gleiche Höhe regt im Frühjahr an den Schnittstellen einen gleichmäßigen Austrieb gerader, dünner und später dichtbelaubter Zweige an.

um optisch eine harmonische Verbindung mit den Pflanzen einzugehen. Naturstein, Kiesel, Ton oder Holz lassen sich dagegen gut mit Pflanzen verarbeiten. Generell gilt, daß die Materialien möglichst zur Architektur des Hauses passen sollten; wenn ein Haus aus Backstein oder Naturstein gebaut ist, so sollte man sich hinsichtlich der strukturierenden Elemente im Garten für die gleichen Baustoffe entscheiden. Wege wirken oft am besten, wenn sie mit den gleichen Steinen ausgelegt sind wie gepflasterte Terrassen am Haus, wodurch sie dann nicht nur die einzelnen Gartenbereiche untereinander erschließen, sondern auch formal zur Anbindung des Gartens an das Haus beitragen.

Viele der nicht-pflanzlichen Strukturelemente des Gartens, wie Mauern, Lauben, Pergolen und Gitterwände, können als Gerüst für Kletterpflanzen dienen (wodurch sich auch mancher baustoffliche Mißgriff eines Vorbesitzers kaschieren läßt). Eine Gitterwand ist besonders in kleinen Gärten als Raumteiler zu empfehlen, da sie viel weniger Platz beansprucht als eine Hecke.

Neben den nicht-pflanzlichen gibt es auch eine Reihe pflanzlicher Strukturelemente. Wenn man zum Beispiel die Zweige nebeneinandergesetzter geeigneter Bäume wie Weißbuche, Linde oder Kastanie miteinander verflicht, entsteht eine dichte ›gestelzte‹ Hecke. Viele Gehölze, nicht nur Obstbäume, lassen sich auch am Spalier ziehen und so zu dekorativen durchbrochenen Mustern als Einfassung von Wegen oder als Abgrenzung einzelner Gartenbereiche gestalten. Lauschige Laubengänge wachsen heran, wenn man zwei Baumreihen in einem Abstand von bis zu drei Metern pflanzt, deren Zweige später über metallene Bügel gezogen werden.

Alle diese Elemente, in Relation zur Gartengröße ausgewählt und einfühlsam kombiniert, werden zu ›Bausteinen‹, aus denen sich mehr oder weniger komplizierte Anlagen zusammenstellen lassen. Im allgemeinen sind die nicht-pflanzlichen Elemente des Gartenplans zunächst kostspieliger, aber der tägliche Zeitaufwand für ihre Erhaltung ist wesentlich geringer als bei Pflanzen, für die man erst die passenden Bedingungen schaffen muß, die kenntnisreicher Pflege bedürfen und darüber hinaus vorschriftsmäßig gezogen, beschnitten und gedüngt werden müssen, damit sie ihrer architektonischen Funktion in den kommenden Jahren auch gerecht werden können.

Alleen

Alleen aus Bäumen oder Sträuchern der gleichen Sorte, in gleichmäßigem Abstand gepflanzt, sind als begrenzende Elemente nur in großflächigen Anlagen zu empfehlen. Bäume, die als Spalier gezogen oder deren Zweige miteinander verflochten werden, haben eine ebenso gliedernde Funktion, nehmen aber sehr viel weniger Raum in Anspruch als eine Allee oder auch eine geschlossene Hecke. Sie eignen sich daher besonders gut für kleine Gärten und gestatten außerdem eine begleitende Unterpflanzung.

Die zweite wesentliche Aufgabe einer Allee liegt darin, die Blicke des Betrachters zu lenken und die Illusion von räumlicher Tiefe zu erzeugen. Wer in seinem Garten nicht genügend Platz für eine Allee hat, kann einen ganz ähnlichen Effekt durch ein einzelnes Paar dekorativer Hochstämme, Kübelpflanzen oder Statuen zu seiten einer Tür oder am Ende eines Weges erzielen.

Ausschlaggebend für den Gesamteindruck einer Allee ist die gleichförmige Gestalt ihrer Bäume. Um sicherzugehen, daß beide Pflanzen eines Paares in Aussehen und Wuchs vollständig übereinstimmen, sollte man lieber mit Stecklingen oder Ablegern einer Mutterpflanze statt mit Sämlingen arbeiten. Sonst kann es passieren, daß die Gehölze verschieden schnell wachsen und die Symmetrie stören.

Rechts oben: In den Gartenanlagen von Barnsley House, Gloucestershire, wurden die Zweige von nebeneinander gesetzten Linden so über Drähte gezogen und beschnitten, daß die Kronen heute aus rechteckigen Blöcken bestehen, die sich in etwa zwei Meter Höhe über den schlanken Stämmen erheben. Am Fuße der Linden gedeihen kleine Zwiebelgewächse im blaugrünen Laub der Raute *(Ruta graveolens* 'Jackman's Blue'). Die Lindenallee führt zu dem berühmten Goldregen-Tunnel, der auf eine Sonnenuhr am äußersten Ende des Gartens zuläuft.

Rechts unten: Alte Spalierapfelbäume, die nicht mehr gestützt werden müssen, bilden eine niedrige, weniger streng gestaltete Allee vor der Nordseite des Hauses in Cranborne Manor. Zu ihren Füßen fügen sich duftende Nelken, *Dianthus* 'Mrs Simpkins', zu einem Teppich aus weißen Blüten und silbrigem Laub zusammen.

Eine durchbrochene Heckenpflanzung hat viele Vorteile vor einer geschlossenen, deren Wurzelwerk den Boden auslaugt. Obstbäume und -sträucher, in dekorative Formen gezogen, sind daher nicht nur wirtschaftlicher hinsichtlich der Ernte, sondern auch wegen der reduzierten Bodenbelastung. Darüber hinaus stellen sie eine sinnvolle Verbindung zwischen einem Zier- und einem Nutzgarten dar.

Ganz rechts: In den Gartenanlagen von Hatfield House, Herfordshire, wird der Kiesweg längs der geometrisch gestalteten Ostterrasse von einer doppelten Reihe immergrüner Eichen-Hochstämme *(Quercus ilex)* eingefaßt. Jede dieser Eichen ist eigens aus Italien importiert worden, wo man zehn Jahre für ihre Zucht und Pflege benötigt. Ihr dichter Wuchs, der am besten in der Kugelform zur Geltung kommt, wirft klar umrissene Schattenbilder. Die zierlichen Bäumchen, deren Kronen jährlich in Form geschnitten werden, sind nicht zuverlässig winterhart.

Hecken

Eine kurzgeschorene immergrüne Hecke stellt nicht nur einen ausgezeichneten Hintergrund für farbige Pflanzschemata dar, sondern bietet gleichzeitig den Pflanzen einen guten Schutz. Lockerer strukturierte Hecken lassen Licht durchdringen, sorgen für interessante Schattenspiele und bilden trotzdem wirksamen Schutz. Niedrige beschnittene Hecken aus Heiligenkraut *(Santolina chamaecyparissus)* oder Lavendel eignen sich als Umrandung von streng angelegten wie auch von frei gestalteten Beeten, und die weniger kompakte Form einer Einfassung aus Katzenminze umspielt die harten Ränder der Pflaster- oder Kieswege.

Zu den Pflanzen, die regelmäßiges Beschneiden gut vertragen können, gehören die immergrünen Gehölze Eibe *(Taxus baccata)*, Buchs *(Buxus sempervirens)* und Stechpalme *(Ilex aquifolium)* sowie die laubabwerfenden Gehölze Weißbuche *(Carpinus betulus)* und die Buche *(Fagus sylvatica)*. Weißdorn *(Crataegus monogyna)* und Feldahorn *(Acer campestre)* sind besonders gut für dichte Schutzwände geeignet, während immergrüner Cotoneaster und der winterblühende Schneeball *Viburnum tinus* freier gestaltete lockere Hecken ergeben. Rosen (insbesondere die Sorten von *Rosa rugosa*) bilden fast das ganze Jahr über dichte Hecken. An geschützten Standorten in warmen Klimazonen gedeihen auch Sträucher wie Lorbeer, Griselinie, Olearie und die Chilenische Myrte *(Myrtus apiculata)*.

Da eine Hecke ein wesentlicher Bestandteil des Gartengerüsts ist, sollte sie nach der Dauerhaftigkeit ausgewählt werden. Aus diesem Grunde würde ich auf viele der fedrig strukturierten Koniferen wie *Thuja*, bestimmte Arten der *Chamaecyparis* und vor allem × *Cupressocyparis leylandii* verzichten, die, wenn sie eine größere Höhe erreichen, am Fuß kahl werden und verholzen. *Lonicera nitida* muß drei- oder viermal im Jahr beschnitten werden und neigt dazu, Schößlinge zu treiben und in die Breite zu wachsen. Sie kann leicht durch starke Schneefälle beschädigt werden und ist deshalb als Hecke nicht zu empfehlen.

Links: Hecken können zu dekorativen Formen geschnitten oder gezogen werden, um einen architektonischen Plan zu ergänzen oder eine horizontale Linie zu unterbrechen. In diesem Garten in Hannover fassen hohe beschnittene Weißbuchenhecken einen Kiesweg ein und schaffen eine kühle schattige Allee. An einer Wegkreuzung sind die Weißbuchen über Metallbügel gezogen worden und dienen so gleichzeitig als Rahmen für die Steinurne im Hintergrund.

Unten: Jede Art von Reihenbepflanzung, ob hoch oder niedrig, verleiht einem Garten, gleich welchen Formats, Struktur. In einem Privatgarten in Rekem, Belgien, bildet eine niedrige Lavendelhecke vor regelmäßig gesetzten Kegeln aus fiedrigen Scheinzypressen die Grenze zwischen Rasen und gepflastertem Weg, wobei sie die harten Ränder des steinernen Musterbands überspielt.

Rechts oben: In den Anlagen der Villa La Pietra außerhalb von Florenz rahmen in Form geschnittene Eibenhecken die Bühne des grünen Theaters ein und bilden einen dunklen Hintergrund für elegante venezianische Statuen. Kleine Buchskugeln stellen die Rampenlichter dar. Die streng strukturierten Gartenanlagen von La Pietra sind im Renaissancestil gehalten, wurden aber erst Anfang dieses Jahrhunderts von Arthur Acton, dem Vater des Schriftstellers Harold Acton, als Rahmen für die Villa aus dem 15. Jahrhundert entworfen. Auf mehreren Ebenen angelegte breite Terrassen sind durch Stufen und Wege verbunden, die mit ihren hohen Zypressen-, Eiben- und Buchshecken das ganze Gelände in abgeschlossene Räume unterteilen. Diese Räume, die in der Sommerhitze dunkel wirken und erfrischende Kühle spenden, sind nur sparsam mit Blumen geschmückt. Ihre Wirkung beruht auf dem Kontrast zwischen den Laubstrukturen und den glatten steinernen Figuren.

Rechts unten: In Parnham, Dorset, haben der Möbelhersteller John Makepeace und seine Frau Jennie einen Garten geerbt, der zu Beginn dieses Jahrhunderts angelegt worden ist. Auf der unteren Terrasse werden die Linien parallel verlaufender Kanäle durch eine Allee kegelförmig geschnittener Englischer Eiben unterstrichen. Auf jeder Seite der ausgedehnten Rasenfläche sorgen weitere Eiben – insgesamt 50 – für ein Gefühl von Weite und stellen damit ein architektonisches Gleichgewicht zu der Masse des Hauses her.

Ganz rechts: In den streng angelegten Gärten in Filoli, Kalifornien, umgeben niedrige geschwungene Mauern, die mit Kletterfeige *(Ficus pumila)* geschmückt sind, einen tiefer gelegten Innengarten, über den sich in reicher Blüte stehende Bäume neigen. Sie bilden einen reizvollen Kontrast zur dichten Geschlossenheit der zylindrisch geschnittenen Irischen Eiben.

Bogen und Laubengänge

Zur Einrahmung einer schönen Gartenansicht, als Blickfang am Ende eines Wegs oder über eine Rasenfläche hinweg betrachtet, wird ein einzelner oder eine Reihung von Bogen zum wichtigen Bestandteil der Gartenstruktur. Diese Funktion übernimmt schon die unbewachsene Rankhilfe, so daß dieses Gartenelement bereits von Anfang an dekorativ ist und nicht erst ab dem Zeitpunkt, wo die Kletterpflanzen es vollständig überwuchert und in den sonstigen Bewuchs integriert haben. Ein offener oder geschlossener Laubengang erhöht die Spannung in einem kleinen Garten und lädt zu einem Spaziergang ein. Eine Pergola kann ebensogut wie eine Hecke eine Gartenansicht umrahmen, häßliche Objekte in der Umgebung verdecken oder einen größeren Garten in verschiedene Bereiche unterteilen.

Ganz links: Mrs Hanahans Garten in Charleston, South Carolina, ist in zwei verschiedene Pflanzbereiche unterteilt. Im Vordergrund liegen die streng angelegten, mit Backsteinen eingefaßten Beete in voller Sonne. Den schattigen, von Bäumen eingerahmten Garten im Hintergrund erreicht man durch eine weiße Pergola, über die eine gelbe Banks-Rose rankt. Die Bepflanzung im Schatten, die in den sehr heißen Sommern erfrischende Kühle spenden soll, ist üppig und grün. In diesem Garten findet man viele ›altmodische‹ Pflanzen, wie sie schon im 18. und 19. Jahrhundert in den Gärten von Charleston angesiedelt wurden.

Links: Ein Rankgitter in Form eines Spitzbogens überhöht den Eingang eines geometrisch gestalteten Gartenraums, in dem spitzwinklige Formen dominieren. Das zeigt sich am Umriß des buchsgefaßten Beets, an den schlanken Eibensäulen zu seiten des Gartensitzes, sogar die Iris mit ihren speerförmigen Blättern sind alle sorgfältig gewählt, um die Komposition dieses Gartens zu verdeutlichen, der von der belgischen Gartenarchitektin van Roosmalen in Rekem entworfen wurde.

Die Terrassen an steilen Abhängen, ursprünglich für den Anbau von Wein oder Oliven vorgesehen, bescheren heutigen Besitzern oftmals fertige Gartenanlagen. Hier in La Chèvre d'Or profitieren Zitronenbäume, die an einer einfachen Holzpergola entlang der hohen Terrassenmauer gezogen werden, von der Sonnenwärme, die ihre Früchte reifen läßt, und tauchen den Weg, den sie überdachen, in kühlen Schatten.

Die ungewöhnliche gewundene Pergola in Newby Hall, North Yorkshire, wurde Anfang dieses Jahrhunderts von Ellen Willmott entworfen. Ursprünglich war sie für Efeuarten mit interessant geformten oder panaschierten Blättern vorgesehen. Heute zieren sie die hängenden Blütenrispen des Goldregens. Dicke Tuffs immergrüner Bergenien quellen über das Steinpflaster und bieten selbst im Winter ein reizvolles Bild.

Das Holzlattengerüst dieses schmalen Laubengangs, über das Obstgehölze gezogen werden, ist dem Gitterwerk der französischen Treillages des 17. Jahrhunderts nachempfunden. Hier in New Place, Oxfordshire, soll der lange Gittertunnel mit seinen hohen Seitenwänden und dem schmalen Gehweg ein Gefühl von Entfernung hervorrufen.

In The Grove im ländlichen Oxfordshire erstreckt sich ein schmaler rustikaler Laubengang über eine Strecke von fast hundert Metern. Anfang Juli, wenn die Kletterrose 'American Pillar', mit der er überwachsen ist, ihre leuchtend rosa Blüten entfaltet, bietet sich ein prachtvolles Bild. Aber auch in der übrigen Zeit ist der Bogengang ein dekoratives Element zur idealen Ergänzung der vielen Hecken und gekappten Bäume des Gartens.

Wege und Stufen

Ein funktionaler Weg stellt immer die kürzeste Verbindung zwischen zwei Orten dar. Deshalb verläuft auch im Bauerngarten der Weg vom Haus zum Gartentor immer schnurgerade. Gerade Linien sind raumsparender als kurvige, aber ein gewundener Schlängelpfad, zumal wenn er einladend hinter Ecken verschwindet, verleiht dem Garten ein geheimnisvolles Flair. Eine gemähte Schneise in einer Wiese erfüllt nicht nur einen praktischen Zweck, sondern wirkt auch dekorativ, da die geschnittene Rasenfläche einen interessanten Kontrast zum hohen Gras bildet.

In streng geometrisch angelegten Gärten bilden dekorative Pflaster-, Ziegel- oder Kieswege die Hauptachsen, begrenzen die Beeträнder oder trennen verschiedene Pflanzschemata und Gartenbereiche. Wege können auf einen Blickpunkt, eine Tür oder ein Fenster ausgerichtet sein, sie können plötzlich enden oder die Richtung wechseln. Von Schnitthecken eingefaßt, dienen sie oftmals dazu, die tatsächlichen Ausmaße des Gartens zu verunklären. So kann ein Weg länger wirken, wenn er allmählich schmaler wird.

Von hohen Hecken gesäumte oder von Laubengängen überwölbte Wege sind die ›alleys‹ englischer Parks, in französischen Barockgärten bezeichnet ›allées‹ jene geraden, auf ein Zentrum ausgerichteten Schneisen zwischen den Waldpflanzungen.

Wenn der Gartenboden mehr als 25° von der Waagerechten abweicht, müssen Stufen angelegt werden, bei mehr als 45° Abweichung empfehlen sich Terrassen, da die Bearbeitung sonst zu schwierig wird. Stein- oder Ziegelstufen, aber auch solche, die mit Gras bewachsen bzw. mit Kies belegt und mit Holzbalken eingefaßt sind, können sehr dekorativ wirken.

Links: Vier flache, weite Stufen, mit Ziegeln gepflastert und von Holzbalken eingefaßt, führen in diesem Garten in Wemeldinge, Holland, gemächlich hinauf und dienen dazu, zwei Gartenbereiche ohne abrupten Übergang miteinander zu verbinden. Dichte Bepflanzung auf beiden Seiten der Treppe und zwei dekorative Topfpaare zu seiten der Stufen rahmen den Weg ein und fordern den Besucher auf, weiter hinaufzugehen. Wege und Stufen sind die wesentlichen Verbindungslinien. Mit der Entscheidung, die Trittflächen der Stufen breit anzulegen und die Stufenhöhe niedrig zu halten, hat man einen Eindruck von Enge vermieden.

Rechts: 1951 hat Thomas Church für Jean Wolff in San Francisco einen Stadtgarten mit Blick über die Bucht entworfen. Die Auftraggeberin war selbst eine kenntnisreiche Gärtnerin und hat die Pflanzen für den Garten selbst ausgewählt. Church war der Meinung, daß in einer ›guten‹ Komposition alle Details einem dominierenden Thema untergeordnet sein sollten. Seine strenge Linienführung und die architektonische Gliederung stellen das Grundgerüst dar, in dem Jean Wolffs interessante Pflanzen gut zur Geltung kommen. Treppen, Stützmauern und beschnittene Hecken auf drei verschiedenen Ebenen bilden zusammen eine annähernd diagonale Gartenachse, und eine Buchshecke als Trennwand in der Gartenmitte, die die Achse noch betont, unterstreicht den Eindruck von Ordnung und strenger Planung. Das dunkle Holz der Treppenstufen steht hinsichtlich Farbe und Textur in interessantem Kontrast zum Kies der Wege.

Links: Quadratische, auf Spitze gelegte Steinplatten in einer gemähten Rasenfläche weisen in eine bestimmte Richtung, ohne das Auge abzulenken und den Eindruck von Tiefe, wie ihn das Rasenband vermittelt, zu beeinträchtigen. Die Platten wurden nicht bündig mit der Rasenfläche gesetzt, sondern liegen geringfügig tiefer, um das Mähen zu erleichtern.

Rechts: In diesem umschlossenen Gartenteil von The Gables, Somerset, ist der gewundene gepflasterte Weg auf eine altertümliche steinerne Pflanzschale im Mittelpunkt ausgerichtet. Die harten Ränder der Steinplatten werden von üppigem Pflanzenwuchs teilweise überdeckt und umschmeichelt. Flacher, wenig strukturierter Stein ist eine gute Unterlage, von der sich weiche Pflanzenformen und wogendes Laub reizvoll abheben.

Wasser im Garten

Geometrische, steingefaßte Wasserbecken erheben nicht den Anspruch, die Natur nachzuahmen. In Bassins, Teichen und Kanälen steht stilles, reflektierendes Wasser; Springbrunnen und Kaskaden machen die Luft angenehm frisch und lebendig und erfüllen sie mit Musik. Ein einfacher, streng angelegter Teich in einem bescheidenen modernen Garten fügt der Anlage eine neue Dimension hinzu, indem er nicht nur Himmel, Bäume und Gebäude spiegelt, sondern auch einen neuen Pflanzbereich schafft, in dem Seerosen oder hohe Iris Muster auf der Wasseroberfläche entwerfen und mit ihren dekorativen Blättern neue Formkontraste in das Gartenbild bringen. Wenn glitzernde Wasserflächen für einen Garten auch durchaus eine Bereicherung sind, so fügen sich moderne Springbrunnen und fertige Teichbecken jedoch nur schlecht in die Anlage ein.

Thomas Church hat bei seinen Teichentwürfen für kalifornische Privatgärten auf die netzartigen Muster zurückgegriffen, wie man sie in flachen, weiten Flußdeltas finden kann. In Sutton Place, Surrey, ist der von Sir Geoffrey Jellicoe entworfene Paradiesgarten nur durch kühne Sprünge über Steine zu erreichen, die in einen Wassergraben gesetzt wurden, und Schlängelwege führen zu den Springbrunnen, die von rosenbedeckten Lauben beschützt werden. Möglicherweise unter dem Einfluß japanischer Gärten, in denen Gewässer oft in Tierformen gestaltet sind, hat Sir Geoffrey einen See in Form eines Fisches angelegt, um die Geburt der Zivilisation zu symbolisieren. Zwei große Hügel und ein kleiner, die aus dem ausgehobenen Erdreich geschaffen wurden, stellen Mann, Frau und Kind dar.

Moderne Gartenarchitekten machen sich beim Entwurf öffentlicher Gartenanlagen häufig die Ausdruckskraft des Wassers zunutze und schaffen großartige Spektakel wie reißende Flüsse und Wasserfälle. Lawrence Halprin hat 1961 die Lovejoy Plaza in Portland, Oregon, aus abstrakten Felsformationen angelegt, um den Besuch aufregend, ja fast ein bißchen gefährlich zu machen.

Links: In Brockenhurst Park in New Forest, Hampshire, befindet sich ein 1870 angelegter breiter Kanal im italienischen Stil. Er erstreckt sich vom Haus bis zu einer erhöhten Terrasse, die man von zwei Seiten über eine doppelte Treppe erreichen kann. Die Steineinfassung des Bassins ist mit Zwergmispel *(Cotoneaster horizontalis)* bewachsen, die sich über das stille Wasser neigt. Zu beiden Seiten des Beckens sind grüne und goldfarbene in Form geschnittene Gehölze aufgereiht. Dahinter bilden beschnittene Lorbeerhecken einen architektonischen Rahmen, über dem hohe Koniferen und Eichen in den Himmel ragen. Die ganze Anlage wirkt etwas inszeniert, da die Formpflanzen einen kulissenartigen Eindruck hervorrufen.

Oben: Breite, flache Steinstufen, in gemähten Rasenflächen verlegt und von Sträuchern und Bäumen eingerahmt, führen in Cornwell Manor, Oxfordshire, zu einem runden Wasserbecken hinab. Pflaster und Stufen sollten immer großzügig bemessen sein, damit der verbindende Charakter deutlich spürbar wird. Die Zweige der Trauerweiden reichen bis fast auf die ruhige Wasseroberfläche des Bassins hinunter, in der sie sich spiegeln. Die Szenerie strahlt ein Gefühl von zeitloser Stille aus.

Oben: In einem modernen Stadtgarten in Brügge, den André van Wassenhove entworfen hat, bildet ein viereckiges Wasserbecken mit niedrigen Ziegeleinfassungen den Mittelpunkt einer Anlage, die von Schnitthecken architektonisch gegliedert wird. Im Kontrast dazu ist die weitere Bepflanzung mit den Blättern des Königsfarns *(Osmunda regalis)*, mit verschiedenen Rhabarber und Rodgersien üppig und gefällig, und die gelbe Iris *(Iris pseudacorus)* setzt vertikale Akzente.

Rechts: In Alderly Grange, Gloucestershire, verdeckt die naturnahe Bepflanzung, die über die niedrigen Ränder des Wasserbeckens wuchert, nahezu die rechteckige Gestalt des Bassins. Erst wenn der Bewuchs mit den nichtpflanzlichen Elementen des Gartens eine harmonische Einheit bildet, darf man die Anlage als gelungen betrachten. Frauenmantel *(Alchemilla mollis)* und viele verschiedene Gräser gedeihen gut in der Nähe des Wassers. Die Seerosen haben sich so ausgebreitet, daß auf der Wasseroberfläche nur wenig Raum für Spiegelbilder geblieben ist.

Links: In Tintinhull unterteilt ein zentraler Kanal Rasenflächen und Blumenrabatten. Seerosen sind sorgsam in großen Abständen in das Wasser gesetzt worden, damit Bäume und Himmel sich in der freien Wasseroberfläche spiegeln können. Iris, die gewöhnliche Wasserschwertlilie und *Iris ensata* (syn. *I. kaempferi*), sind als Akzente an die Ecken des Beckens gesetzt.

Unten: Die dichte, natürliche Bepflanzung innerhalb dieses rechteckigen Wasserbeckens eines kleinen Stadtgartens setzt sich auf der höheren Ebene der Teichumrandung fort. Die Dschungelwirkung, für die das Wasser wie ein zusätzliches Pflanzbeet behandelt wird, ist beabsichtigt. Der Garten vermittelt eine Atmosphäre von Raum und Großzügigkeit in einer durch Blätterwände aus hohen Gräsern und Bambus geschützten Abgeschiedenheit von der Außenwelt.

Jenkyn Place

Der Garten von Jenkyn Place in Hampshire ist eine gelungene Synthese aus naturnah und streng geometrisch gestalteten Partien. Auf dem fruchtbaren Boden gedeihen zahlreiche seltene Gehölze. In der Nähe des Herrenhauses aus dem späten 17. Jahrhundert steht eine Libanonzeder, die 1823 gepflanzt wurde. Ausgewachsener Stechpalm, Linden und ein Tulpenbaum rahmen die Ausblicke auf ein Kalksteinkliff in der Ferne unterhalb des Wey-Tals ein. Die Gartenanlage liegt auf einem vor allem nach Südwesten sanft abfallenden Hang. In den 40er Jahren dieses Jahrhunderts wurden die unterschiedlichen Geländeebenen weitgehend einander angeglichen, durch Stufen verbunden und mit durchgehenden Blickachsen optisch aufeinander bezogen. Die mal engeren, mal weiteren Durchblicke schaffen einen kulissenartigen Effekt.

Jeder Gartenbereich ist nach einem anderen Thema bepflanzt. Da gibt es einen Rosengarten; einen romantischen ›versteckten‹ Garten, dessen Mauern mit seltenen Kletterpflanzen geschmückt sind; zwei wunderbare Rabatten mit krautartigen Pflanzen zu seiten eines gepflegten Rasenstücks. Einige Kompartimente sind einzelnen Pflanzenarten wie Lupinen, Pfingstrosen und Crinum-Arten vorbehalten. Den runden Kräutergarten umgibt ein kunstvolles Spalier von Apfelbäumen und die breite englische Allee wird gerahmt von einer aus grünen und kupferfarbenen Buchen gewirkten Hecke. Mit zunehmender Bewunderung bemerkt man beim Durchwandern des Gartens, wie sorgfältig die Pflanzen ausgewählt worden sind. Seltene Gehölze wie blühendes Chinesisches Gelbholz *(Cladastris sinensis)*, ein immergrüner Erdbeerbaum *(Arbutus × andrachnoides)* und ein Schneeball *(Viburnum cylindricum)* gehören zu den Kostbarkeiten im Rahmen der prachtvollen hohen Tulpenbäume, der immergrünen Eichen, der Kastanien und Linden, die der Gartenszene von Jenkyn Place ihr charakteristisches Aussehen verleihen.

Links: Vom Haus Richtung Süden blickt man zwischen hohen Bäumen hindurch auf die ferne Landschaft. Ein kurzgeschorener Rasen, der hinter einer Kurve aus dem Blickfeld verschwindet, lädt zur Erforschung des Geländes ein. In jedem großen Garten füllen ausgewachsene Bäume den dreidimensionalen Raum, und als Einrahmung des Horizonts sind sie ebenso wichtig für die gesamte Gartenatmosphäre wie gestaltende Elemente in Augenhöhe oder am Boden. Bäume, die Schatten werfen und ihre Wurzeln ausstrecken, um genügend Feuchtigkeit zu bekommen, üben in der Regel großen Einfluß auf Planung und Bepflanzung aus.

Rechts: Um diese zentrale Achse des Gartens sind alle anderen Räume angeordnet. Niedrige Hecken schieben sich wie Kulissen hervor, um thematisch unterschiedlich bepflanzte Blumenbeete voneinander zu trennen. Die verschiedenen Ebenen des Hanggrundstücks werden durch Steinstufen ausgeglichen. Der lange schmale Durchblick kreuzt den versteckten Staudengarten und endet an einer Linde, unter der ein alter Brunnen steht.

Oben: Durch die Bogenöffnung in einer alten Mauer blickt man in den holländischen Garten, der ursprünglich Bestandteil des alten Bauernhofs war. Die Kletterrose 'Madame Plantier' und goldfarbener Lorbeer (*Laurus nobilis* 'Aurea') flankieren den Eingang.

Ein Garten von Russell Page

Russell Pages Entwurf eines Vorstadtgartens in Kortrijk, Belgien, zeigt den Vorteil einer vereinheitlichenden, dem Gartenplan zugrunde liegenden Struktur, die dann mit der Sekundärbepflanzung, also mit schmückenden Blatt- und Blütenpflanzen umkleidet wird.

Wie viele Gartenarchitekten hat auch Russell Page (1906–1985) Malerei studiert, bevor er seine Karriere als Landschaftsplaner begann. Viele seiner wichtigsten Gärten schuf der gebürtige Engländer in Mitteleuropa und Amerika. In seinem Buch »The Education of a Gardener« (1962) erzählt er, daß die Entwicklung seines eigenen Stils mehr von der klar umrissenen, strengen Gestaltung französischer Gärten als von der eklektischen englischen Tradition beeinflußt wurde. In Frankreich mußten sich die Pflanzen dem Entwurf anpassen, in England war es eher umgekehrt, und nicht selten wurde zugunsten der natürlichen Pflanzenform auf Disziplin verzichtet. Russell Page hatte nicht nur ein starkes Gefühl für Struktur; er war auch ein guter Kenner der Pflanzen, die er gewissermaßen als lebendiges Werkzeug für seine Arbeit verwendete.

Einige Teile der Gartenanlage in Kortrijk, die 1960 begonnen wurde, hat der belgische Landschaftsgärtner Jacques Wirtz fertiggestellt. In dem Weißen Garten bilden Russell Pages Wege aus weichem Backstein unregelmäßige Muster zwischen den von Wirtz geometrisch angelegten, mit Buchs eingefaßten Beeten, die mit starkwüchsigen Stauden bepflanzt sind (siehe Seite 116 f.).

Rechts: In den Rabatten gedeiht eine Fülle von Strauchrosen, Glockenblumen und anderen Stauden. Solch ein üppiger Bewuchs setzt einen reizvollen Kontrast zu den linearen Formen, die den Grundplan beherrschen. Ohne diese vertikalen und horizontalen Akzente sähe der Garten recht durchschnittlich aus.

Unten: Durch eine Reihe miteinander verflochtener Linden blickt man auf den Weißen Garten mit einem Pflanzschema von Jacques Wirtz: Über eine große Gruppe blühenden Frauenmantels *(Alchemilla mollis)* hinweg sind die mit Buchs eingefaßten Beete zu sehen.

Unten: Irische Eiben und Säulen aus beschnittenen Englischen Eiben, die an Lawrence Johnstons Garten in Hidcote erinnern, flankieren die Wege und markieren die Ecken in diesem belgischen Garten. Sie unterteilen ihn auch in einzelne Abschnitte. Diese Gehölze sind in einem formalen Rhythmus angeordnet, in dem rechtwinklig verlaufende Wege aus Kies und alten Ziegelsteinen einen horizontalen Grundriß zwischen die glatten Rasenflächen zeichnen.

Great Dixter

Great Dixter liegt 16 Kilometer landeinwärts in East Sussex in der Nähe der Grenze nach Kent. Die eineinhalb Hektar große Anlage ist 1911 von Edwin Lutyens für Mr und Mrs Nathaniel Lloyd entworfen worden. Lutyens war auch verantwortlich für die Restaurierung und Erweiterung des alten Fachwerkhauses aus dem 15. Jahrhundert. Der Garten ist in unterschiedlich große Bezirke aufgeteilt, wobei alte Hofgebäude und Viehställe in die Anlage integriert worden sind. Die Mauern im Hintergrund sind unterschiedlich hoch und stoßen in seltsamen Winkeln aneinander, so daß man mitunter den Eindruck hat, als ob man von Wegen und Ausblicken absichtlich in die Irre geführt würde. Der Garten erstreckt sich auf einem Südhang mit guter Drainage, der jedoch ohne die architektonische Heckengliederung schutzlos dem Wind ausgesetzt wäre. Den Boden, im wesentlichen handelt es sich um neutralen Wadhurst-Lehm, hat man jahrelang durchgearbeitet und mit Dünger in seiner Konsistenz verbessert.

Nathaniel Lloyd war Architekt und eine Autorität auf dem Gebiet des Formschnitts. Er selbst hat den tiefer gelegenen Garten und den achteckigen Teich entworfen, die beide 1923 der Anlage hinzugefügt worden sind. Die in Vogelgestalten und in abstrakte Formen geschnittenen Eiben und die wie mit Zinnen und Türmchen bewehrten Hecken spiegeln das Ausmaß seiner ziergärtnerischen Kunstfertigkeit. Dazwischen erstrecken sich ausgedehnte Wiesenflächen mit heimischer und exotischer Flora. Frühblühender Krokus wird von der Schachbrettblume *(Fritillaria meleagris)*, der Sommerknotenblume *(Leucojum aestivum)*, dem purpurfarbenen Kuckucks-Knabenkraut *(Orchis mascula)* und von Margeriten *(Chrysanthemum leucanthemum)* abgelöst. Im Juli steht das gefleckte Knabenkraut (jetzt *Dactylorhiza fuchsii)* in Blüte, und die Wiesen dürfen erst wieder gemäht werden, wenn es sich ausgesät hat.

In Great Dixter haben zwei Generationen der Lloyds ihre gärtnerischen Spuren hinterlassen. Die Arbeiten Christopher Lloyds zeichnen sich durch die genaue Kenntnis der Pflanzen und das Wissen um ihre Kombinationsmöglichkeiten aus, wie die ausgefallenen Farbmuster seiner Rabatten beweisen. Die Formpflanzen seines Vaters sind immer noch ein wichtiges Element der Anlage, und der bahnbrechende Wiesengarten seiner Mutter wurde jenseits des Obstgartens und des trockenen Wassergrabens fortgeführt. Überall, sogar in dem formal strengen Rosengarten, der in den ehemaligen Viehgehegen angelegt wurde, ist die Bepflanzung gemischt, das heißt, man hat auch Sämlinge von Wildpflanzen sich ganz natürlich ausbreiten lassen. Dieser Stil hat neue Generationen von Gärtnern beeinflußt, die von Christopher Lloyd ermutigt wurden, individuelle Pflanzmuster zu entwickeln und sich nicht dem traditionellen Zwang getrennter Gartenbereiche für bestimmte Pflanzentypen zu unterwerfen. Sämlinge von *Verbena bonariensis* und des Sauerklees *Oxalis acetosella* mit seinen bronzefarbenen Blättern, für viele ein Unkraut, breiten sich am Boden der Rosenbeete aus, während kleinblühende Clematis-Arten zwischen den Rosenbüschen an Pfählen emporklettern. In den Obstgärten bilden alte Apfelbäume Kletterstützen für kräftige, dicht blühende Rosen, die im Juli über der üppigen Wildblumenwiese ihre Pracht entfalten.

Ganz links: Die gemischte Rabatte in Great Dixter ist wohl die am meisten photographierte Rabatte in England. Von weißen Steinplatten begrenzt, erstreckt sie sich von der Terrasse unterhalb des Hauses über eine Länge von 60 m und eine Breite von 4,5 m. Dort stehen kleine Bäume, Sträucher, Strauchrosen, mehrjährige, zweijährige und einjährige Pflanzen und Zwiebelblumen als große Farbflecken dicht beieinander. Christopher Lloyd ist ein Spezialist im Umgang mit diesem komplizierten Gartenstil, bei dem die Pflanzengruppen ständiger Bearbeitung bedürfen.

Im Hintergrund erhebt sich vor dem Haus der Ginster 'Mount Etna' *(Genista altnensis)* über roten Rosen. Goldblättrige *Gleditsia triacanthus* 'Sunburst' wächst neben der panaschierten Stechpalme *Ilex × altaclarensis* 'Golden King'; Salbei, Frauenmantel und Funkien bilden große farbige Tuffs am Rande der Rabatte.

Links: Blaßgelbe Schafgarbe, rosafarbene Diascien und Storchschnabel sind vor silbrigem Heiligenkraut und blauen Iris mit speerförmigen Blättern gruppiert. Christopher Lloyd zieht nicht nur einen reichen Vorrat an Sommerblumen, um seine Farbmuster zu bereichern, sondern führt auch gleichzeitig eine Gärtnerei, und so tauscht er im Hochsommer oft die Stauden aus, nimmt die Frühblüher zur Teilung und Anzucht heraus und ersetzt sie durch später blühende Arten.

Oben links: Ein Blick vom Haus und der Hauptrabatte aus auf den Garten von Great Dixter zeigt die gepflasterte und gemähte Terrasse, die sich entlang eines ausgetrockneten Wassergrabens, in dem sich Wildblumen angesiedelt haben, erstreckt. Sie ist mit dem Obstgarten durch auffällige geschwungene Stufen verbunden, die nach dem Entwurf von Lutyens gelegt wurden.

Oben rechts und rechts: Die Feinstrahlaster *Erigeron karvinskianus* mit ihren gänseblumenähnlichen Blüten hat sich im Mauerwerk von Lutyens' großartigen konkaven und konvexen Treppenstufen, die von der Terrasse unterhalb des Hauses zum Obstgarten führen, ausgesät. Gemähtes Gras verbindet Terrasse, Stufen und Obstgarten, und der glatte Rasen bildet einen Kontrast zu den hohen Wiesenpartien.

Ganz rechts: Nathaniel Lloyd hat 1923 in dem tiefer gelegenen Garten von Great Dixter den achteckigen Teich anlegen lassen. Große Steinplatten rahmen das Wasser ein, und in den Pflasterfugen hat sich das Stachelnüßchen *(Acaena microphylla)* ausgesät. Eine Eiben-Schnitthecke mit getrepptem Portal führt zu einem anderen Gartenteil. Die geometrischen Formen bilden einen perfekten Hintergrund für Christopher Lloyds zwanglose Bepflanzung.

Der geometrische Garten

Pflanzen als dekorative Elemente · Harte und weiche Konturen

Küchengärten · Frei gestaltete Blumenmuster

Knotengärten · Parterres · Irrgärten

In Form geschnittene Gehölze · Wasseranlagen

La Chèvre d'Or · Ein Innenhofgarten

Dieses Kapitel beschäftigt sich mit der Funktion von horizontalen Musterbeeten und vertikalen Linien in Form geschnittener Gehölze innerhalb des vorgegebenen Gartenplans. Die dekorativen Formen dieser oftmals nur von einem erhöhten Standpunkt aus zu erschließenden Muster reichen von den komplizierten Entwürfen des historischen Knotengartens, von Parterres und Irrgärten bis hin zu den einfacheren, eher zwanglosen Arrangements aus verschiedenfarbigen Blättern oder Blüten vor einem Hintergrund aus geformten immergrünen Pflanzen, bzw. Mustern aus Ziegeln oder Steinen. Solche Ornamente, gleichgültig ob sie aus lebendigen oder toten Materialien oder aus einer Kombination von beidem bestehen, setzen gewöhnlich so starke visuelle Akzente, daß das strukturierende Grundgerüst des Gartens davon überdeckt wird oder zumindest nicht gleich ins Auge fällt. Diese Gestaltungselemente können bis weit in die Geschichte des Gartenbaus hinein zurückverfolgt werden.

Die frühen geometrisch angelegten Paradiesgärten Persiens haben sich aus umschlossenen bewässerten Bezirken entwickelt, in denen die symmetrische Anordnung von Wasser, Bäumen und Blumenbeeten einen Kontrast zu der umgebenden Wüstenlandschaft bildete. Das wohlgeordnete Muster des Gartens wurde zur Grundlage für viele persische Teppichentwürfe. Die vier Lebensströme, die sich auf den Weg des Menschen zwischen Geburt und Tod beziehen, trafen sich in der Mitte und flossen in symmetrischen Kanälen. In den Gärten standen erhöhte Pavillons, die die Ecken markierten, und in der Mitte befand sich oft ein Mausoleum. Von diesen Gebäuden aus konnte man die streng geometrisch gegliederte Bepflanzung überblicken. Platanen mit breiten Kronen spendeten Schatten und bildeten einen großartigen Kontrast zu den himmelwärts strebenden Zypressen, dem Symbol der Unsterblichkeit des Menschen.

Mit der Ausbreitung des Islams gelangten Idee und Struktur des persischen Paradiesgartens im Osten bis nach Indien und im Westen bis in den südeuropäischen Raum. In den maurischen Gärten Spaniens waren zentral gelegene Teiche oft die Ausgangspunkte für Wasserkanäle, und die Fußwege, die hoch über den Blumenbeeten angelegt waren, gestatteten den freien Blick auf die Ornamentik der Bepflanzung.

Oben: In Cranborne Manor, Dorset, bildet ein Spalierapfel ein frei stehendes vertikales Muster und stellt aus der Sicht des Gartenplaners ein markantes architektonisches Element dar. Seitdem man sich mit der Kultivierung von Nutzpflanzen beschäftigt, werden Obstbäume in verschiedene Formen geschnitten und gebunden. Französische Gärtner entwickelten sehr komplizierte Muster, während in England Obstgehölze gewöhnlich als einfache Schnurbäume (Kordons) oder in Fächerform am Spalier gezogen werden. Spalierbäume stehen häufig vor wärmespeichernden Mauern, was die Blüte vor Spätfrösten schützt und zu einer frühen Reifung der Früchte beiträgt.

Seite 100: Die großen terrassierten Gärten von Villandry in der Touraine wurden zwischen 1906 und 1924 von Dr. Joachim Carvallo angelegt und werden heute noch von seinem Enkel instand gehalten und kultiviert. Auf der tiefsten Ebene ist ein Gemüsegarten (potager) von ungefähr 4000 m² Größe in neun Quadrate mit immer neuen Laubfarben unterteilt. Hier wechselt rubinroter Mangold mit schlankblättrigem Romana-Salat. Jedes Quadrat ist von einem niedrigen Gitterzaun umgeben, und an den Wegkreuzungen stehen mit Rosen bewachsene Gitterlauben. Alle Hauptbeete sind mit niedrigen Buchshecken eingefaßt (siehe Seite 105).

Seite 101: In Howick Hall, Northumberland, leuchten aus dem hohen Gras Tulpen und Narzissen hervor, die sich dort ausgebreitet haben. Die Tulpen auf dieser Wiese, die im Rahmen einer Wildblumenwiese nicht nach farblichen Gesichtspunkten gesetzt wurden, erinnern entfernt an die Blütenwiesen des Hortus conclusus, die in der sakralen Tafelmalerei des Mittelalters, in Übereinstimmung mit der damals gültigen Pflanzensymbolik, auf die Tugenden Mariens verweisen.

Rechts: Levens Hall, Cumbria, ist für seine phantasievollen Formpflanzen berühmt. Einige der beschnittenen Exemplare, die Ende des 17. Jahrhunderts gepflanzt worden sind, haben symbolische Bedeutung und sind mit der Geschichte des Hauses verbunden. Diese Art Garten, dessen wesentliches Element die kunstgärtnerischen Meisterwerke sind, die vermutlich von den Formen holländischer Pflanzenfiguren beeinflußt wurden, ist in England heutzutage sehr selten. Buchsgefaßte Beete rahmen die massigen Eiben und kleineren runden oder spindelförmigen Buchsformen ein. Zart blauviolette Sommerblumen kleiden die Beete teppichgleich aus und bilden so einen einfachen, aber wirkungsvollen Fond für die lebendigen Skulpturen.

Der mittelalterliche Hortus conclusus christlicher Prägung – im Geist dem persischen Paradiesgarten verwandt – war eine Zufluchtstätte, von der die Außenwelt im bildlichen Sinn ausgeschlossen war. Nur wenige schriftliche Aufzeichnungen sind überliefert, und in der sakralen Tafelmalerei wird der Garten wegen seines symbolischen Gehalts wohl strenger dargestellt, als er es tatsächlich war. Hier sind Wege anstelle von Flüssen zu einem Muster gefügt; erhöhte Beete und Sitzplätze ersetzen die Pavillons und rechteckige Beete sind mit Kräutern gefüllt. Gitterwände, mit Wildrosen, Geißblatt oder Echtem Wein bewachsen, trennen die verschiedenen Gartenbereiche oder bilden Tunnel oder Lauben. Niedrige Gitter fassen die Blumenbeete ein. Manchmal ergeben alternierende Rasenstücke und Blumenbeete strenge Schachbrettmuster. Auch die ›Blumenwiesen‹ – Kleewiesen mit Tausenden verschiedener Wildblumen – sind dem geometrischen Grundplan untergeordnet. In Wirklichkeit waren solche Gärten wohl quadratisch gegliedert und mit Spalierobst und Kräutern bepflanzt.

Dieses einfache rechtwinklige Raster mittelalterlicher Gärten bildete die Grundlage für die dekorativen französischen Potagers (Gemüsegärten) sowie für die rein funktionalen traditionellen Küchengärten, in denen Gemüse, um Pflege und Ernte zu erleichtern, in geraden Reihen angebaut und gezogen wird. La Quintinie (1626–1688) hat den berühmten Potager du Roi in Versailles für Ludwig XIV. und einen weiteren in Sceaux für Colbert entworfen. Der wohl bekannteste Gemüsegarten liegt in Villandry; er ist am Anfang dieses Jahrhunderts im Geist des 17. Jahrhunderts restauriert worden.

Die komplizierteren Muster der Knoten- und Irrgärten, die arabesken Formen der Parterres sowie in Form geschnittene Pflanzen sind heute aus rein technischen Gesichtspunkten leichter instand zu halten, als das früher der Fall war. Mit modernen Herbiziden und elektrischen Heckenscheren lassen sie sich einfacher bearbeiten als zum Beispiel frei gestaltete Rabatten mit gemischter Bepflanzung. Diese erfordert nämlich ein jährliches fachgerechtes Umsetzen, wenn das Arrangement das ganze Jahr hindurch attraktiv bleiben soll.

Viele Gärtner haben heutzutage eine Abneigung gegen eine formale und streng gegliederte Bepflanzung, wie sie mit einem geometrisch geordneten Gartenplan einhergeht. Sie haben das Gefühl, daß ihnen die-

ser Stil nur wenig Freiraum für den persönlichen Ausdruck offenläßt und fürchten, daß eine streng ornamental gestaltete Anlage, in der jede Pflanze die ihr zugeordnete Rolle hat, statisch wirken könnte. Dabei sind derlei Ressentiments unbegründet, wie zahlreiche Beispiele zeigen. Buchsgefaßte Beete mit einer Bepflanzung aus unterschiedlich hohen Stauden, Zwiebelgewächsen oder Sommerblumen können ebenso zwanglos gestaltet sein wie Rabatten mit unregelmäßigen Kurven.

Der Erfolg geometrischer Gärten liegt oftmals im rhythmischen Wiederaufgreifen einzelner Pflanzmuster oder Farbgruppen, die sich wie ein Leitmotiv durch die Anlage ziehen. In Tintinhull taucht silbergraues Laub (hauptsächlich Greiskraut- und Artemisia-Arten) in verschiedenen Gartenbereichen wieder auf und bildet ein farbliches Verbindungsglied, das die Anlage optisch ebenso wirkungsvoll zusammenhält wie eine umfriedende Hecke. Schon die ein- oder zweifache Wiederholung eines Musters strahlt Ruhe aus. Auch die Formen der geschnittenen Gehölze sollten aufeinander abgestimmt sein: Runde Formen bilden einen reizvollen Kontrast zu vertikalen Kegelformen, aber zu viel Abwechslung kann unruhig wirken. Einen Garten anzulegen, ist so, als wollte man ein dreidimensionales Gemälde komponieren: Jede Gartenansicht stellt ein neues Bild dar, in dem Farben und Formen harmonisch gruppiert sein sollten, so daß ein erkennbares Muster der gesamten Anlage Ordnung und Zusammenhalt verleiht.

Links: Nach einem gemeinschaftlichen Entwurf von Sir Edwin Lutyens und Gertrude Jekyll ist in Hestercombe, Somerset, der rauhe Stein der Gegend kunstvoll zu Mustern gelegt worden. Wann immer es möglich war, arbeiteten beide zusammen und gestalteten Gärten, in denen Pflanzen und Baustoffe verwendet wurden, die mit der ländlichen Umgebung in Einklang stehen.

Unten: Im Hof von Cranborne Manor, Dorset, sind glatte, unterschiedlich große Kieselsteine in ein Fischschuppen-Muster gelegt. Die rundlichen und kompakten Formen der Steine ergeben eine interessante Oberflächenstruktur. Die Kiesel wurden in einer Mischung aus festgewalztem Sand und lockerem Mörtel verlegt, die gewässert wird, damit sie sich setzt und ein festes Fundament bildet.

In dem großen Gemüsegarten von Viliandry bildet das Schnittlauch-Beet mit seiner einheitlichen Farbe und Textur einen starken Kontrast zu dem Nachbarbeet, bepflanzt mit leuchtenden rosa und weißen Sommerblumen. Solche langen schmalen Rabatten formen den äußeren Rahmen für die streng rechtwinkligen Beete, die in den einzelnen Quadraten liegen, und erzeugen gleichzeitig eine perspektivische Fluchtung der Linienführung, die das Gefühl von Weite noch verstärkt.

Links: Kohl in Zickzackreihen und in geraden Linien angepflanzter Lauch zeichnen ihr eigenes schlichtes Muster in dem rein funktionalen Küchengarten von Tintinhull. Gemüse sind in Reihen rechtwinklig zum Hauptweg eingesät oder gesetzt worden, so wie man es schon seit dem Mittelalter zu tun pflegt. Der Gemüsegarten ist durch Wege, die sich in der Mitte treffen, in vier Abschnitte aufgeteilt. Ein von Katzenminze gesäumter Weg betont die Länge des Gartens, ein anderer wird von Spalierpfirsichen flankiert und ist mit rosafarbenen Rosen eingefaßt.

Oben: Steinplatten, in Kies verlegt, schaffen ein strenges Raster für einen modernen Küchengarten in Atlanta, Georgia. Der Gartenarchitekt Ryan Gainey verwendet geometrische Muster und gestutzte Formen nicht nur in seinem Ziergarten, sondern auch auf seinem Fleckchen Gemüseland, so daß ein und dasselbe Thema den Garten beherrscht. Niedrige Buchshecken und Blumen rahmen dichte Kohlpflanzungen ein. Obstbaum-Hochstämme in Töpfen markieren die Ecken und können während der Wintermonate zum Schutz ins Haus genommen werden.

Ein steinerner Pfad sucht sich, flankiert von Irischen Eiben, seinen Weg vom schmiedeeisernen Tor aus durch die Anlagen von Barnsley House. Er windet sich zwischen Kissen von sonnenliebenden blaß mauvefarbenen, weißen, rosa und blaßgelben Sonnenröschen hindurch, die einen harmonisch getönten Blütenteppich bilden. Der Vergleich mit einem Teppich kommt nicht von ungefähr, denn diese Art der zwanglosen Bepflanzung ähnelt tatsächlich der Teppichwirkerei: hier wie dort werden Farbflächen zu einem Gesamtmuster zusammengefügt. Das schwere dunkle Grün der Eiben (siehe oben im Bild auf Seite 111) bildet in Farbe und Intensität einen Kontrast zu den zarten Pastelltönen.

Knotengärten

Im England der Tudors waren die Knotengärten mit ihren komplizierten Mustern ein beliebtes Gestaltungselement höfischer Parks, aber auch kleiner Hinterhofgärten. Verschlungene Linien aus sich überlagernden Kreisen und Quadraten wurden mit niedrig wachsenden Pflanzen, meistens mit Kräutern, bepflanzt. Die Räume zwischen den Kräuterbändern wurden entweder mit farbigem Sand ausgelegt oder mit sorgfältig nach Blattfarben und -formen ausgewählten Pflanzen besetzt.

Der früheste Knotengarten wird in der »Hypnerotomachia Poliphili« von 1499 dargestellt. Hier sind die Umrisse des verschlungenen Musters mit Blumen und Kräutern gefüllt. In diesem Buch zeigen Holzschnitte auch andere phantasievolle Dekorationselemente wie ein Labyrinth, kunstvoll beschnittene Pflanzen, eine Gitterpergola aus Holz und in komplizierten Mustern angelegte Blumenbeete. Zunächst hat man Thymian und Ysop für die niedrigen Hecken verwendet, aber seit dem 17. Jahrhundert wurde der Buchsbaum wegen seiner klareren Form bevorzugt. Gefüllt waren die Beete mit einheimischen und exotischen Blumen: Narzissen, Schachbrettblumen, Hyazinthen, Tulpen und Anemonen.

Die Umrißlinien eines Knotengartens können aus Buchs, Heiligenkraut, Rosmarin, Raute oder Gamander bestehen und eine Innenbepflanzung aus farblich abgestimmten Blüten- oder Blattpflanzen enthalten. Kleine spiralförmig gestutzte Buchsbäume oder Stechpalmen akzentuieren die Eckpunkte und fügen dem horizontalen Entwurf eine dritte Dimension hinzu (siehe auch Seite 121).

Ganz links: In den 60er Jahren hat Lady Salisbury in Cranborne Manor auf einem flachen Rasengelände im Schutz hoher Linden einen Tudor-Knotengarten angelegt. Er ist nicht nur mit Küchen- und Heilkräutern bepflanzt worden, sondern auch mit kleinen Tulpen, Veilchen und Nelken, die man schon im 17. Jahrhundert gekannt hat. Rautenförmige und quadratische Beete, alle von niedrigen Buchshecken eingefaßt, sind um ein rundes Beet in der Mitte angeordnet. Kugel-, spindel- und pyramidenförmige Buchsbäume setzen vertikale Akzente. Der zwanglose Bepflanzungsstil innerhalb der geometrischen Formen verleiht der durchstrukturierten Anlage dieses Gartens ein bezaubernd natürliches Aussehen.

Links: In Barnsley House hat die erfahrene Gärtnerin und Gartenhistorikerin Rosemary Verey einen Garten geschaffen, der die Architektur des Hauses aus dem späten 17. Jahrhundert widerspiegelt. Die Gärten, wie sie sich in den letzten 20 Jahren entwickelt haben, sind streng durchstrukturiert, das heißt, sie sind wie ein Muster aus geraden Linien, Querachsen und Schwerpunkten angelegt, das von einer üppigen, abwechslungsreichen Bepflanzung überdeckt wird. Rosemary Verey besitzt auch eine ausgezeichnete Bibliothek alter Gartenbücher und sie hat ihren 5 × 8 m großen Knotengarten nach einer Buchvorlage aus dem frühen 17. Jahrhundert entworfen. Die mit Buchs und Gamander *(Teucrium chamaedrys)* gezogenen Linien des Entwurfs sind in ein helles Kiesbett gesetzt. Kugeln aus immergrüner Steinlinde *(Phillyrea angustifolia)* und panaschiertem Buchs und zwei doppelstöckige Ilexkugeln an den Ecken verleihen dem Knotengarten Höhe.

Parterres

Das französische Parterre ist eine Weiterentwicklung des geometrischen Knotengartens. Nach der Überlieferung hat Claude Mollet im 16. Jahrhundert für Katharina von Medici, die Königin von Frankreich, die ihre in Mustern angelegten italienischen Gärten vermißte, das Parterre erfunden. Frühe Entwürfe waren streng geometrisch und auf großen ebenen Flächen zu Füßen des Schlosses ausgebreitet. Mit der Zeit wurden die Muster weicher und wiesen freiere, verschnörkelte und gefiederte Ornamente auf. Wie schon die englischen Knot gardens, waren auch die französischen Parterres de broderie (broderie = franz. Stickerei) mit Kies, Sand oder Blumen gefüllt.

In England und Holland bestanden Parterres aus Buchsmustern auf gemähten Rasenflächen, zuweilen wurden die Ornamente auch direkt in den Rasen geschnitten und mit farbigem Sand oder Kies gefüllt.

Im Zuge der Landschaftsgarten-Bewegung im 18. Jahrhundert verlor das Parterre an Bedeutung, bis es im 19. Jahrhundert durch W. A. Nesfields Entwürfe für große italienische Gärten wiederentdeckt wurde. Ein gut erhaltenes Beispiel seiner Arbeit ist Broughton Hall in Yorkshire. In den letzten zwanzig Jahren ist es zu einer Rückbesinnung auf die historischen Gartenstile gekommen, und viele neue Buchs-Parterres sind in authentischer Manier als Rahmen für historische Gebäude angelegt worden (siehe Hatfield House, Seite 46). Diese Art einer geordneten Bepflanzung kann sich in kleinen Gärten besonders wirkungsvoll ausnehmen.

Gegenüber: In den Gärten des Château du Pontrancart bei Dieppe sind vier Parterres auf dem Rasen über dem Schloßgraben angelegt worden. Silberblättrige Pflanzen wie Lavendel, Thymian und Heiligenkraut *(Santolina chamaecyparissus)*, die wegen ihrer Farbe und Textur teppichartig gezogen wurden, haben sich durch regelmäßiges Beschneiden zu dichtem, kompaktem Wuchs entwickelt. Buchs wurde zum Einfassen und Unterstreichen der kunstvollen Formen verwendet. In der Ferne bilden Eibenhecken einen dunklen Hintergrund für Blumenrabatten, die im August und September – den einzigen Monaten, in denen das Schloß bewohnt wird – ihren farblichen Höhepunkt erreichen.

Oben und links: In La Garoupe am Cap d'Antibes in der Nähe von Cannes hat Anthony Norman üppig bepflanzte Parterres mit aromatischem Lavendel, Rosmarin und Heiligenkraut *(Santolina chamaecyparissus)* angelegt. In der Mitte eines jeden Parterre rahmen Buchspyramiden elegante italienische Urnen ein.

Die Großeltern des jetzigen Besitzers haben die Villa in La Garoupe um die Jahrhundertwende im italienischen Stil erbaut und kunstvolle großflächige Parterres, passend zum Haus, in der Manier der Zeit angelegt. Nach dem Zweiten Weltkrieg hat Anthony Norman die arbeitsintensiven Entwürfe durch dieses einfachere Pflanzschema ersetzt.

In der Nähe des Hauses und im Zentrum des Gartens wachsen vorwiegend exotische Pflanzen, während am Rand einheimische Gewächse zwanglos in die Blumenbeete hineinwachsen dürfen. Yuccas, Amerikanische Agaven und südafrikanische Zwiebelgewächse gedeihen unter diesen günstigen Bedingungen prächtig. Bleistiftdünne Zypressen säumen den niedriger gelegenen Terrassenweg, und zerzauste Aleppo-Kiefern wachsen an der Küste.

Links: Der Herzgarten, der zum Van-Buuren-Museum in Brüssel gehört, wurde von René Pêchere für Madame Van Buuren entworfen und in nur fünf Monaten zwischen Herbst 1969 und Frühling 1970 angelegt und vollendet. Der Garten insgesamt und alle seine Beete sind herzförmig gestaltet. Ursprünglich waren die roten Blumen Rosen; heute haben Begonien ihren Platz eingenommen. Es gibt keine genaue Deutung dieses Gartens, aber vielleicht geben die folgenden Worte Aufschluß: »Verschwiegener Garten des Herzens, Garten verschwiegener Herzen – Freund, entdecke du den Garten deines Herzens.«

Rechts oben: Die Gärten von Filoli, südlich von San Francisco, wurden gegen Ende des Ersten Weltkriegs angelegt. Sie bestehen aus einem sechseinhalb Hektar großen geometrisch gegliederten Gelände, in dem Sommerblumen die Beete zwischen den linearen Mauern und Hecken füllen. Die weißen, roten und gelben Stiefmütterchen bedecken den Boden innerhalb der rechtwinkligen, mit Buchs eingefaßten Beete, die in dem milden kalifornischen Klima das ganze Jahr über mit Blumen gefüllt sind.

Rechts unten: Neben den rechteckigen Beeten bilden rote und mauvefarbene Stiefmütterchen zwischen geschwungenen Bändern aus beschnittenem Buchs einen Teppich rings um den Baumstamm. Die grünen Buchseinfassungen, die die kräftigen Farbtöne voneinander trennen, bewirken, daß die Farben im Auge nicht verschmelzen, sondern sich deutlich voneinander abheben.

Das Pflanzschema in diesem belgischen Garten (siehe Seite 94) ist typisch für alles, was Jacques Wirtz entworfen hat. Die Buchseinfassungen der geometrischen Beete dienen dazu, die sehr strengen Formen der aufrechten und ausladenden Bepflanzung zusammenzuhalten. Die Instandhaltung eines solchen Schemas mag schwierig sein, aber die Komposition ist einfach zauberhaft. Hohe cremefarbene Blütenähren des Geißbarts *(Aruncus dioicus)*, die sich vor der hohen Hecke im Hintergrund abheben, neigen sich über Funkien, Sterndolden, Frauenmantel und Astilben – alles Pflanzen, die in hellem Schatten gedeihen. Jenseits der höheren Hecken liegen ein Gartenbereich mit Trompetenbäumen *(Catalpa)* und der Swimmingpool.

Irrgärten

Irrgärten oder Labyrinthe wurden erstmals im 15. Jahrhundert in die Gartengestaltung miteinbezogen. Die beiden Begriffe scheinen austauschbar zu sein, obgleich einige Autoren darauf bestehen, unter ›Irrgarten‹ nur jene Anlagen zu fassen, in denen Hecken dazu verwendet werden, ein verwirrendes Muster zu bilden, während das Labyrinth der griechischen Mythologie zunächst eine steinerne Architektur und darüber hinaus einen symbolischen Gehalt bezeichnet. So waren ursprünglich die verwinkelten Wege im Bau des gefährlichen kretischen Minotaurus damit gemeint. Später wurde das Labyrinth unter dem Einfluß des Christentums zum Symbol der Reise des Menschen durch die Gefahren des Lebens auf Erden. Ein Wasserlabyrinth ist in der »Hypnerotomachia Poliphili« (siehe Seite 110) abgebildet. Zusammen mit astrologischen Zeichen – Kreisen und Vierecken, die jeweils Himmel und Erde darstellen, – bildete das Labyrinth die Grundlage für komplizierte Gartenmuster und hat möglicherweise die Knotengärten und später die mit Buchs eingefaßten Parterres inspiriert.

Die ersten Irrgärten waren niedrige Systeme aus Steinen, Felsen oder Rasenstücken, und erst gegen Ende des 17. Jahrhunderts wurden sie aus so hohen Gehölzen angelegt, daß man nicht über sie hinwegzuschauen vermochte und als Amüsement sich darin in die Irre führen ließ. In Versailles existierte bis 1775 ein berühmtes Labyrinth in einem ausgedehnten Waldstück. An den Eck- und Kreuzungspunkten des verwinkelten Wegnetzes standen insgesamt 39 Springbrunnen mit Figuren aus den Fabeln Aesops. Der bekannteste Irrgarten in England ist der Eibengarten von Hampton Court, der 1690 angepflanzt wurde; eine Kopie des Musters wurde Anfang dieses Jahrhunderts im Tatton Park aus Buchen angelegt. In Glendurgan, Cornwall, liegt auf einem steilen Abhang ein Irrgarten aus Kirschlorbeer, den Alfred Fox 1833 entworfen hat. Heute enthalten auch einige der kürzlich restaurierten Tudorgärten, wie der vor dem Old Palace in Hatfield (siehe Seite 46), einen Irrgarten.

Links oben: Der moderne Rasen-Irrgarten in Greys Court bei Henley-on-Thames stellt den Lebensweg dar (die Wanderschaft von der Geburt bis zum Tod, zum Jüngsten Gericht und zur Erlösung). Ein Ziegelmuster, aus einer Reihe konzentrischer Kreise gebildet, das sich von den Rasenbändern abhebt und etwas niedriger gelegt ist, soll den ›Chemin de Jérusalem‹, den Pilgerweg ins Heilige Land symbolisieren. Obwohl das Muster nur 25 m breit ist, schlängelt sich der Weg über eine Strecke von 400 m hin zu einer Stele in der Mitte. Die Anlage insgesamt stellt die Dornenkrone dar.

Links unten: In der Nähe des Herzgartens (siehe Seite 114) hat René Pêchere den Labyrinthgarten angelegt. Er wurde auf einem recht ungünstig gelegenen Hanggrundstück aus mehr als 300 Eiben gestaltet. Das komplizierte Muster, das Alice Van Buurens Idealisierung des Hohen Lieds abbilden soll, wird noch durch Skulpturen betont, die Pêchere in die Eibenrondells gesetzt hat. Die Zeder auf der einen Seite markiert das Ziel in der Mitte. Um es zu erreichen, drehen und schlängeln sich die Wege über eine Länge von 190 m – vorausgesetzt, man wählt nie die falsche Richtung.

Oben: Der italienische Landschaftsarchitekt Pietro Porcinai (1910–1986) hat diesen Irrgarten auf dem Gelände der Villa il Roseto, einer Medici-Villa außerhalb von Florenz, angelegt. Bei Porcinais Entwürfen soll jedes Objekt die Phantasie anregen, deshalb ist die exakte Deutung einzelner Motive zweitrangig. Offene und geschlossene Muster in ganzen oder halben Kreisen aus Gras und Pflaster wollen den Geist absichtlich verwirren. In der Mitte versteckt eine kurzgeschorene Hecke (hier im Vordergrund) eine Treppe, die zu einer unterirdischen Garage führt.

In Form geschnittene Gehölze

Spätestens seit der Zeit Plinius des Jüngeren (61/62–um 113 n. Chr.) sind Pflanzen in dekorative Formen und zu Figuren geschnitten worden. In Briefen berichtet Plinius stolz von den ziergärtnerischen Glanzleistungen in seinem Villengarten in der Toskana. Danach gab es dort eine Vielzahl unterschiedlicher Schnitthecken, Buchsornamente auf Rasenflächen sowie Büsche in figürlichen und geometrischen Formen. Im Mittelalter beschränkte sich der Gehölzschnitt auf die Kultivierung von Spalierobst aus wirtschaftlichen Gründen, aber nach dem Erscheinen der »Hypnerotomachia Poliphili« (1499) gewann der künstlerische Aspekt des Formschnitts zunehmend wieder an Bedeutung. Im 17. Jahrhundert erreichte die Kunst der Pflanzenformgebung ihren Höhepunkt, um im 18. Jahrhundert im Zuge eines neuen Naturverständnisses dann völlig in Vergessenheit zu geraten.

Seit Ende des 19. Jahrhunderts sind in Form geschnittene Gehölze ebenso wie Buchs-Parterres wieder stärker gefragt und werden besonders in den letzten Jahren bei der Restaurierung historischer Gärten, aber auch bei neuen Gartenplanungen berücksichtigt. Die regelmäßigen Konturen geformter Pflanzen können selbst einem kleinen Garten zusätzliche Dimension und Tiefe verleihen und bieten zudem einen interessanten Strukturkontrast mit frei entfalteten Pflanzen- und Blattformen oder mit einer ebenen Rasenfläche.

Links: Im Belvedere in Laeken am Stadtrand von Brüssel hat Arabella Lennox-Boyd auf einem flachen Gelände vor dem Palast aus dem 19. Jahrhundert einen streng durchstrukturierten Garten angelegt. Auf den ersten Blick scheint das symmetrische Muster aus beschnittenen Eibenhecken und in Form geschnittenen Gehölzen einen starken Gegensatz zu den blühenden Bäumen des Waldgartens im Hintergrund darzustellen. Erst beim näheren Hinschauen entdeckt man dann die Ähnlichkeit zwischen den Konturen der beschnittenen vertikalen Weißbuchen und Eiben und den hohen Pappeln und der Kirchturmspitze in der Ferne. In Form geschnittene Pflanzen wirken am überzeugendsten, wenn sie wie hier mit dem Haus oder der umgebenden Landschaft sichtbar verbunden sind und nicht nur für sich allein einen phantasievollen Entwurf darstellen.

Oben: In einer geheimnisvollen Ecke dieses kleinen Gartens in London sind Buchsspindeln an die Ecken eines rechtwinkligen Beets gesetzt. Das Beet selbst wird von einer niedrigen äußeren Hecke aus grünem sowie von einer inneren höheren Hecke aus panaschiertem Buchs eingefaßt. Rings um die Spindel in der Mitte des Beets wachsen Heiligenkraut *(Santolina chamaecyparissus)* und Lavendel. Vertikale und horizontale symmetrische Formen sind als Kontrast zu der freieren Bepflanzung in der dahinterliegenden Rabatte verwendet worden und geben dem Garten eine gewisse Ordnung. Die in Form geschnittenen Pflanzen und die niedrigen beschnittenen Hecken sollen den Eindruck eines ›Gartens im Garten‹ erwecken.

Wasseranlagen

Wasser war schon immer ein wesentlicher Bestandteil von Gartenanlagen. In den frühen persischen Paradiesgärten gehörten Wasserbecken zum strukturierenden Grundgerüst. Kanäle mit fließendem Wasser stellten dabei den Ablauf der Zeit dar, während quadratische und rechteckige Bassins Dauer symbolisierten.

Die horizontalen oder vertikalen Muster von Zier- und Naturteichen bzw. Fontänen und Kaskaden bildeten oftmals zentrale Elemente der Gartenanlage, zumal wenn sie von dekorativen Fliesen, Steinen oder Ziegeln gerahmt waren. Verschwenderischer Umgang mit Wasser war im Villengarten des römischen Kaisers Hadrian bei Tivoli ebenso ein Herrschaftssymbol wie in den Anlagen der Villa d'Este aus dem 16. Jahrhundert, wo an die hundert Fontänen eine einzige Allee säumten. Heimtückische Wasserspiele zum Schrecken der Besucher wurden ein ständig wiederkehrendes Element in den italienischen Gärten des 17. Jahrhunderts. In Versailles schuf Le Nôtre für Ludwig XIV. repräsentative Wasserszenarien. Dabei setzte er die Wasserhöhen dekorativer Teiche so geschickt ein und verzerrte die Perspektive damit derart, daß die Dimensionen gedehnt und mitunter sogar doppelt so lang scheinen. Das Wasser-Parterre, das Vignola im 16. Jahrhundert für die Villa Lante in Bagnaia entworfen hat, das etwas später angelegte Parterre der Villa La Gamberaia (siehe Seite 30f.) und Achille Duchênes Entwurf für den Blenheim Palace sind weitere Beispiele für die Bedeutung des Wassers in geometrischen Gartenanlagen.

Links: Das Wasser-Parterre des Blenheim Palace, von Achille Duchêne für den neunten Duke of Marlborough angelegt, erinnert stark an das Parterre d'eau von Versailles. ›Capability‹ Brown hatte um 1760 den Wasserspiegel der umgebenden Gewässer erhöht, den See vergrößert und diese Westseite des Palastes als grüne Rasenfläche belassen. So blieb es bis 1925, als schließlich Duchêne zwei Terrassen anlegte, die geschwungenen Wasserbassins entwarf und verschnörkelte Muster aus niedrigen Buchshecken in den Kies zog. Mit den Fontänen setzte er vertikale Akzente und belebte die glatte Wasseroberfläche. Das Parterre ist großflächig angelegt und sollte von den Fenstern des Palastes aus bewundert werden.

Oben: In Bowood, Wiltshire, hat Charles Hamilton, der Besitzer und Planer der Gärten von Painshill, 1785 eine Kaskade entworfen. Das Wasser, das über drei natürlich wirkende Steinstufen hinabstürzt, bildet, einem Vorhang vergleichbar, ein großartiges vertikales Muster. Ein von Josiah Lane gebauter Grottentunnel ist unter dem Wasserfall versteckt. Das Rauschen und die Bewegung des fallenden Wassers erinnern an einen Gebirgsfluß.

La Chèvre d'Or

Der Garten in La Chèvre d'Or in der Nähe von Biot in Südfrankreich zeigt deutlich, wie man mit Pflanzen, wenn sie als gestalterische Elemente eingesetzt werden, nicht nur die Grundstruktur, sondern auch dekorative Details herausarbeiten kann. Sparsam, aber sorgfältig gesetzte farbige Akzente in Form von blühenden Sträuchern, Kletterpflanzen und Zwiebelgewächsen, deren unterschiedliche Blütenphasen übers Jahr verteilt sind, unterstreichen den geschlossenen Aufbau der Anlage. Der Garten in seiner heutigen Gestalt ist über 40 Jahre alt. Ausgehend von der olivenbestandenen Terrassenanlage, wurden damals zusätzlich Pinien und hohe Italienische Zypressen als Blickpunkte gruppiert oder entlang der Wege gereiht. Durch das milde Rivieraklima begünstigt, gedeiht eine Vielzahl exotischer Gehölze, so daß der Garten für Pflanzenkenner ein Erlebnis ist. So blüht auf einer der Terrassen die Palme *Erythea armata* mit ihren silbernen Blättern. Vor einem Hintergrund aus immergrünen Gehölzen haben sich blaublühende *Ceanothus*-Büsche, Kaskaden mauvefarbener und weißer Wisterien und weiße Rosen, die an alten Olivenbäumen hinaufgeklettert sind, in stattlichen Maßen ausgebreitet. Mehr in Bodenhöhe verleihen frostempfindliche Asiatische Buddleien, Blütenähren des Natterkopfs *(Echium)*, der Honigstrauch *(Melianthus major)* aus Südafrika mit seinen graugrünen Blättern und eine Sammlung mexikanischer Salvien dem Garten Farbe und besonderen Reiz. Im Hof erfüllt der in der Nacht blühende Zierstrauch *Cestrum nocturnum* die Luft mit seinem Duft.

Links: Halbkreise aus Buchs bilden ein regelmäßig verlaufendes ›Schlangenmuster‹ am äußeren Rand der Hauptrasenfläche von La Chèvre d'Or. Dekorative Terracotta-Töpfe auf Sockeln und Zitronenbäume wechseln sich innerhalb der Buchsbogen ab. Die Töpfe waren ursprünglich mit frostempfindlicher Myrte, der einheimischen *Myrtus communis,* bepflanzt, aber nach mehreren harten Wintern wachsen jetzt winterhärtere immergrüne Pflanzen darin wie Portugiesischer Kirschlorbeer *(Prunus lusitanica),* der zu Hochstämmen gezogen wurde.

Rechts: Madame Champin war der Auffassung, daß die in Mustern verlaufenden Oliventerrassen, die typisch für die Berghänge an der Riviera sind, die Grundstruktur des Gartens bestimmen sollten. Ihre horizontalen Linien bilden einen Kontrast zu den aufragenden Italienischen Zypressen, die als Windschutz hinzugefügt worden sind und die dem Garten eine Atmosphäre von Abgeschiedenheit verleihen. Auf der niedriger gelegenen Rasenfläche gibt es keine Blütenfarbe, die von dem Gartenplan ablenkt; statt dessen unterstreicht ein gedämpftes Farbenspiel von Grau- und Grüntönen die architektonische Gliederung der ausgewogenen Gartenanlage. Im Vordergrund bringt eine zierliche, hoch aufragende Fontäne Bewegung und ein angenehmes, sanft murmelndes Geräusch in den Garten.

Links: Immergrüne Blätter stellen das ganze Jahr über den Hintergrund dar für das vergängliche Farbgeschehen, etwa der Pergolen voller Wisterien, die ein festes Gestaltungselement in La Chèvre d'Or bilden. Während sie im Frühling ein farbiges Schauspiel bieten, läßt es sich im Sommer unter ihrem Dach im kühlenden Schatten spazieren und ausruhen. Heiße Sommer lassen das Holz reifen, und milde regenreiche Winter beschleunigen das Wachstum und regen die Kletterpflanze zu großer Blütenpracht an. Die Terrassen bieten auch gut durchlässige, warme Standorte für viele frostempfindliche Sträucher und Zwiebelgewächse.

Rechts: Ein Olivenbaum, überwuchert von einer weißblühenden Rose, erhebt sich über einem modernistischen Schachbrettplan aus silberblättrigem Heiligenkraut *(Santolina chamaecyparissus)*, das in ein Kiesbett gesetzt ist. Die Pergola schafft einen Rahmen für diese auffallend flache Anlage. Die langen hängenden Blütenrispen der mauvefarbenen Wisterie nehmen die schlanken Linien der Zypressen auf und unterstreichen das Herabfallen der Rosenzweige und das Gefälle der Böschung.

Ein Innenhofgarten

Eine in strengen Mustern angelegte Bepflanzung gilt wegen der historischen Assoziationen, die sie weckt, oft nur für große Gärten als geeignet. Tatsächlich kommen die meisten dieser komplizierten Entwürfe aber besonders gut in kleineren Gärten zur Geltung.

Dieser Garten im Herzen von Brügge, entworfen von André van Wassenhove, ist wie ein Labyrinth konzipiert. Niedrige Backsteinmauern und Hecken bilden auf geziegeltem Untergrund ein logisches Muster aus getrennten, aber dennoch miteinander verbundenen Abteilungen, das den Garten größer erscheinen läßt, als er tatsächlich ist. Die Proportionen der Wege, Hecken und Mauern sind sorgfältig aufeinander abgestimmt: höhere Hecken hätten den Garten erdrückt, und Zwerggehölze hätten das Muster in ein Parterre verwandelt. Die Planung erlaubt es, sich frei zwischen den einzelnen Gartenräumen zu bewegen; ihre Einheitlichkeit schafft eine ausgezeichnete Verbindung von Intimität und Geräumigkeit. Die Pflanzen wurden nach der Qualität ihrer Blätter ausgesucht; Kletterpflanzen wie verschiedene Arten des Wilden Weins *(Parthenocissus)* gedeihen in diesem Garten und verleihen ihm eine prächtige Herbsttönung.

Links: Der Erfolg dieses umschlossenen Gartens beruht auf der gut durchdachten Kombination aus Backsteinen und Pflaster, Materialien, die eine Vielfalt an Blattexturen und Farbtönen zur Geltung bringen. Ein großer Teil des Gartens ist von hohen Mauern überschattet, weshalb der Gartenarchitekt es vorzog, die horizontalen Flächen mit pflegeleichten Ziegeln zu bedecken, statt den Versuch eines Rasens zu wagen.

Oben und rechts: Die Buchshecken wurden sorgfältig auf die Höhe der Backsteinmauern geschnitten. Maulbeer- und Apfelbäume mit breiten Kronen sorgen für Höhe und verdecken die Gebäude, passen aber dennoch in der Größe zu der geometrischen Anlage, während niedrig wachsende, schattenliebende Stauden in den offenen rechteckigen Beeten unter ihren ausladenden Ästen gut gedeihen.

Der naturnahe Garten

Eine frei gestaltete Bepflanzung · Eine Bepflanzung nach Robinson

Bodendecker · Strauchrabatten · Waldgärten

Sich selbst aussäende Pflanzen · Wasser · ›New Style‹

East Lambrook · Die Wassergärten in Longstock

Das Wesentliche der naturnahen Gartengestaltung liegt in der scheinbar völlig zwanglosen, zufälligen Gruppierung der Pflanzen. Daher ist das ›natürliche‹ Erscheinungsbild im Prinzip unabhängig von den Ausmaßen des Gartens und beruht allein auf einem Pflanzschema, dessen Ziel es ist, die Pflanzen so wirken zu lassen, als hätten sie sich selbst angesiedelt und ausgebreitet. Diese freie Gestaltung muß aber in Wirklichkeit ebenso sorgfältig geplant und ausgeführt werden wie eine geometrische und verlangt im Grunde ein noch größeres gärtnerisches Wissen, im Idealfall gepaart mit künstlerischer Begabung. Der naturnahe Gartenstil zählt vermutlich zu den beliebtesten Gestaltungsformen, mit Sicherheit aber auch zu denjenigen, die am wenigsten verstanden und am schlechtesten ausgeführt werden.

Der Erfolg der großen englischen Landschaftsgärten des 18. Jahrhunderts beruhte darauf, daß sie einen natürlich gewachsenen Eindruck vermittelten, obgleich für diese Natürlichkeit nicht selten die ursprünglichen Konturen der Landschaft durch die nach rein kompositorischen Gesichtspunkten gesetzten Baumgruppen verändert wurden. Während überall auf dem Kontinent im 19. Jahrhundert die nach französischem oder italienischem Muster angelegten geometrischen in englische Landschaftsgärten umgewandelt wurden – die überwiegend ebenen Anlagen mit neuem Rasen, einigen Baumgruppen und schlängelnden Wegen, die dabei entstanden, waren und sind selten befriedigend –, wandten sich die englischen Gartengestalter wieder strenger gegliederten, architektonischen Formen italienischer Prägung zu, bis schließlich William Robinson gegen Ende des Jahrhunderts in seinen Schriften erneut auf die Bedeutung des englischen Gartenstils hinwies. In »The Wild Garden« (1881) rät er dazu, winterharte einheimische und exotische Pflanzen in natürlicher Zusammenstellung zur Begrünung von Waldgärten oder Flußniederungen einzusetzen, wo sie gedeihen und sich ausbreiten können – ein Thema, das heute in großen und kleinen Gärten unterschiedlich interpretiert wird. Für die viktorianischen Gärtner, die daran gewöhnt waren, zweimal im Jahr Sommerblumen zu pflanzen, um schnell sehenswerte Effekte zu erzielen, war das ein revolutionäres Konzept. Bei der neuen ›wilden‹ Gartengestaltung sollten einzelne Pflanzen, obgleich sie sich frei entwickeln durften, niemals die Aufmerksamkeit allein auf sich ziehen, sondern sich harmonisch in ein Gesamtschema einfügen. Robinsons Ideen standen auch bei der Entwicklung des ›Waldlandes‹ Pate.

In den letzten Jahren des 19. Jahrhunderts wurde das bis dahin erhältliche Sortiment durch eine Vielzahl neuer Pflanzen aus Asien erweitert. Die meisten von ihnen ließen sich nur schwer in bereits bestehende Anlagen integrieren (es sei denn in einen der wenigen erhalten gebliebenen Landschaftsgärten), denn geometrische oder symmetrische Pflanzmuster waren nicht geeignet für Zweige, die sich weit ausbreiteten und schnell das Gleichgewicht eines Schemas veränderten. Die professionelle Gestaltung von Waldgärten muß die Natur soweit wie möglich einbeziehen, sie darf nicht von künstlichen Gesetzen bestimmt werden. Dennoch muß auch ein solcher Garten nach einem zusammenhängenden Plan angelegt werden. Erfahrungen im Umgang mit den Pflanzen, mit ihrem Wuchsverhalten und ihren Ansprüchen sind hier genauso wichtig wie ihre Zusammenstellung und der richtige Maßstab. Der Waldgarten wird zu einer idealisierten ›Wildnis‹ – einer Wildnis, in der dem Menschen, nicht aber der Natur Grenzen auferlegt sind.

Robinsons Appell, naturnahere Gärten anzulegen, wird heute unterschiedlich interpretiert und ist auf jedes Gartenmaß übertragbar. Seine Empfehlungen lassen sich auf eine Strauchrabatte, eine schattige Ecke in einem kleinen Reihenhausgarten oder auf die Bepflanzung der Ufer rings um einen künstlichen Teich ebenso anwenden wie auf die großen Grundstücke, für die sie ursprünglich gemeint waren. Viele seiner Ratschläge hat Gertrude Jekyll in ihren Gartenbüchern und in der Praxis bestätigt. Sie betonte, wie wichtig es sei, an den Rändern ländlicher Gärten einheimische Sträucher und Pflanzen zu verwenden, damit der Garten ganz natürlich mit der umgebenden Landschaft verschmelzen kann. In Munstead Wood hat sie Stechpalme und Wacholder an den Stellen gepflanzt, an denen der Garten in das Waldland von Surrey übergeht. Von ihr stammen die warnenden Worte: »›Wilde‹ Gärten dürfen weder zu gestaltet aussehen, noch darf der Eindruck entstehen – wie es leider so oft der Fall ist –, daß die Gartenpflanzungen außer Kontrolle geraten sind.«

Weil naturnahe Gärten so selbstverständlich wirken, was ja gerade ihr stilbildendes Merkmal ist, wird oftmals fälschlicherweise angenommen, daß ihre Bepflanzung einfach und ihre Erhaltung mühelos sei. In Wirklichkeit müssen diese ›wilden‹ Gärten jedoch ebenso sorgfältig komponiert werden wie das Bild eines Künstlers auf der Leinwand. Sie verlangen ein Auge für Höhen, Formen, Dichte und Farben, und dazu kommt die Schwierigkeit, in drei Dimensionen arbeiten und lebendige,

Seite 130: Die Bepflanzung rund um einen Teich in Saling Hall, Essex, zeigt, wie effektvoll kräftige Blattpflanzen den Boden bedecken können und die Instandhaltungsarbeiten am Garten auf ein Minimum reduzieren. Der Erfolg dieses Pflanzschemas beruht weniger auf den Blütenfarben, sondern vielmehr auf den verschiedenen Grüntönen und Texturen des Laubwerks. Die Blätter von *Lysichiton americanu,* der Becherfarne *Matteuccia struthiopteris,* der Funkien und des Frauenmantels *(Alchemilla mollis)* verbinden sich zu einem prächtigen Teppich.

Seite 131: Das elegante *Selinum tenuifolium* aus dem Himalaya hat spitzenartige Blütendolden, die sich über den filigranen Blättern erheben. Für E. A. Bowles war sie »die schönste aller farnblättrigen Pflanzen«. Wenn der Wiesenkerbel *(Aethusa cynapium)* verblüht ist, entfaltet das *Selinum* im August seine Blüten. Am schönsten sieht es in einer natürlichen Umgebung aus.

Ganz links: Eine gelungene Pflanzenkombination beruht nicht nur auf der künstlerischen Gruppierung von Farben und Formen, sondern erfordert darüber hinaus die Auswahl von Arten, die unter ähnlichen Bedingungen gedeihen. In dieser Rabatte bilden immergrüne Sträucher, die sich durch schöne Formen und dekoratives Laub auszeichnen, einen Rahmen, an dem sich eine im Spätsommer blühende Clematis emporranken kann.

Links: Im Garten der Priorei von Kemerton, Gloucestershire, ist eine etwas versteckt gelegene doppelte Rabatte mit blühenden Sträuchern und niedrig wachsenden Stauden bepflanzt, die sich anschicken, den mit Natursteinen gepflasterten Weg in ihrer Mitte zu überwuchern. Hohe Sträucher im Hintergrund rahmen die dicht gefüllte Staudenrabatte ein, verleihen ihr Struktur und rufen den Eindruck von Abgeschiedenheit hervor.

Links: Im Garten von Thomas Halloway in Deerfield, Pennsylvania, haben sich die in den 50er Jahren gepflanzten Lilien außerordentlich gut eingewöhnt. Das Wesen dieses zwanglosen Stils beruht auf der Verwendung einheimischer Vegetation, der lediglich solche Pflanzen zugesellt wurden, die in die Landschaft passen. In dem nährstoffreichen, sauren Blätterhumus und im lichten Schatten der Tulpenbäume *(Liriodendron tulipifera)* gedeihen in diesem Talgarten zusammen mit den Lilien amerikanische Waldgehölze und einige exotische Neuheiten. Sträucher, Zwiebelgewächse und Stauden können unter geeigneten Bedingungen heimisch werden.

Oben: Anne's Grove im milden Klima der irischen Grafschaft Cork bietet mit dem nährstoffreichen Schwemmboden gute Wachstumsbedingungen für Blattpflanzen. Am Flußufer werden die auffallenden dekorativen Blätter der riesigen *Gunnera* von schönen Bäumen eingerahmt. Das ›Waldland‹ und die Wassergärten von Anne's Grove sind prachtvolle Beispiele für Robinsons Stilregeln. Unter den Zweigen einheimischer und exotischer Bäume und Sträucher bilden winterharte niedrig wachsende Stauden einen idealen natürlichen Pflanzenteppich.

Oben: In Vann bei Hambledon, Surrey, hat Gertrude Jekyll gezeigt, wie ein Wassergarten aussehen muß. Die Atmosphäre des ganzen Gartens trägt bis heute ihre Handschrift, denn ein großer Teil der ursprünglichen Bepflanzung ist noch erhalten. Wie Robinson ließ auch Gertrude Jekyll gern winterharte Pflanzen und Zwiebelgewächse unter geeigneten Bedingungen ›verwildern‹: Schachbrettblumen *(Fritillaria meleagris)* und große Gruppen von Narzissen gedeihen zwischen Bandgras und haben sich am Ufer des Sees ausgebreitet. Eine lockere Bepflanzung mit winterharten Zwiebelgewächsen gelingt am besten, wenn man natürliche Wildblumengruppierungen in Wäldern, im Gebüsch, auf der Heide und auf Wiesen studiert.

Rechts: Am Rand eines Teiches auf der Kanalinsel Jersey breiten sich große Gruppen der winterharten *Zantedeschia aethiopica* aus und umschmeicheln die Ufer. Wie bei jeder Gartengestaltung im Stil Robinsons erreicht man die besten und natürlichsten Wirkungen dadurch, daß man lieber zu wenige als zu viele verschiedene Pflanzentypen verwendet. Bei Pflanzungen am Uferrand muß gewährleistet sein, daß die Wurzeln in Trockenperioden genügend Wasser aus dem Boden aufnehmen können.

wachsende Pflanzen als ›Werkzeuge‹ benutzen zu müssen – Pflanzen, die sich ungehindert entwickeln sollen. Da es keine exakten Regeln zu befolgen gilt, muß der Gärtner all sein Wissen aufbieten, um die Pflanzen wie in ihrer natürlichen Umgebung erscheinen zu lassen, und dabei darauf Rücksicht nehmen, daß sie unterschiedlich schnell wachsen und im Laufe der Zeit ihr Aussehen verändern. Ein solcher Gartenstil ist erst dann arbeitsparend, wenn der Plan alle diese Faktoren berücksichtigt hat.

Der Begriff ›naturnahe Gartengestaltung‹ umfaßt ein breites Spektrum verschiedener Pflanzmuster. Sie alle sollen die entspannte Atmosphäre einer zwanglosen Bepflanzung vermitteln, die darauf ausgerichtet ist, das Vorhandensein eines einheitlichen Gesamtplans vergessen zu lassen. Ein vollständig natürlicher Garten kann aus Wald, einer Wiese oder den Ufern eines Flusses bestehen, wo nur einheimische Bäume, Sträucher und Wildblumen erlaubt sind. Solche Gebiete (die Bezeichnung Garten in der Bedeutung, wie wir sie normalerweise verwenden, scheint hier kaum zutreffend) sind als Zufluchtstätten für Flora (und infolgedessen auch Fauna) dort notwendig geworden, wo der Mensch gedankenlos, bewußt oder notgedrungen das natürliche Gleichgewicht der Umwelt geschädigt bzw. zerstört hat. Aber auch eine planvolle Strauchrabatte kann ›natürlich‹ – wenn auch ökologisch nicht so wertvoll – sein, sobald dort die Gehölze gut zusammen gedeihen können und ein ausgewogenes Bild ergeben. Unter bzw. zwischen die Sträucher werden niedrig wachsende, vorwiegend mehrjährige Blattpflanzen dicht als Bodendecker gesetzt. In größeren Ansammlungen bedecken sie den nackten Boden wie ein geschlossener, lichtundurchlässiger Teppich, so daß sich kein Unkraut entwickeln kann.

Die beliebtesten und wohl auch ältesten Formen der Bodenbedeckung sind Wiese und Rasen. Gras kann in verschiedene Höhen geschnitten werden, so daß unterschiedliche Texturen und interessante Effekte entstehen. Bereiche mit höherem Grasbewuchs nehmen sich besonders gut unter den zeltartigen Dächern dicht gesetzter Bäume aus oder zeichnen die Konturen eines Abhangs nach. Rasenflächen können optisch vergrößert werden, wenn man nur den vorderen Teil wöchentlich schneidet, den hinteren Bereich dagegen nur einmal im Monat – oder, falls sich dort Wiesenblumen angesiedelt haben sollten, erst im Hochsommer, nachdem sie sich erneut ausgesät haben – und als Blickachse eine gemähte Schneise hindurchzieht. Kurzgeschorener Rasen kann die Konturen von Gehölzrabatten, die mit mehrjährigen Bodendeckern unterpflanzt sind, nachzeichnen und akzentuieren.

Alle Gartenthemen, mit Ausnahme der streng geometrischen, profitieren von freier Zusammenstellung, solange die Proportionen sowohl innerhalb des einzelnen Motivs als auch im Gesamteindruck des Gartenbilds gewahrt bleiben. Im Gegensatz dazu ist ein geometrischer Garten sehr viel leichter anzulegen und zu pflegen (sofern man sich der modernen technischen Gartengeräte bedient), denn die Pflanzen werden nach festgelegten Regeln angeordnet und beschnitten. Das freie, naturalistische Thema mag einfach erscheinen, aber sein Erfolg hängt von einer Reihe richtiger Einzelentscheidungen sowie von einem hohen Maß an gärtnerischem Können ab, das normalerweise nur in langjähriger Erfahrung erworben wird.

Oben: Wenn Bäume und Sträucher neu gepflanzt werden, sollte bei der Planung und Komposition auch die Zeit berücksichtigt werden, die jedes Exemplar bis zu seiner vollen Entwicklung benötigt. In den Gartenanlagen von Dower House (Boughton House), Northamptonshire, hat der verstorbene Sir David Scott auf einer 8000 m² großen Fläche, die auf drei Seiten von einem gewachsenen Waldgarten umgeben ist, Bäume und Sträucher gesammelt. Jede Pflanze erhielt den auf ihre individuellen Bedürfnisse abgestimmten Standort, an dem sie darüber hinaus am vorteilhaftesten zur Geltung kam. Die Bepflanzung erstreckte sich über einen Zeitraum von 40 Jahren, und heute gibt es nicht weniger als 80 dicht bepflanzte Inselbeete mit einer eindrucksvollen Anzahl verschiedener Waldpflanzen, unter denen sich schattenliebende Stauden und Zwiebelgewächse ausgebreitet haben und den Boden bedecken.

Rechts: In Hidcote verbindet Lawrence Johnstons Entwurf eine erkennbar strenge Gliederung des Hauptgartens mit naturnaheren Pflanzthemen in versteckten Bereichen. An den abschüssigen Ufern eines Flusses hat man die Pflanzen sich wie in der Natur ausbreiten und in Massen ansiedeln lassen. Becherfarne *(Matteuccia struthiopteris)* säumen einen Wegrand und entfalten ihre frischen grünen Wedel im Frühsommer. Dahinter unterdrückt der wuchernde Beinwell *(Symphytum grandiflorum)* mit seinen derben grünen Blättern und nickenden glockenähnlichen Blüten alles Unkraut. Beide Pflanzen gedeihen an halbschattigen, feuchten Standorten.

Bodendecker

Es gibt viele Pflanzen, die, wenn sie auch keinen so gleichmäßig samtenen Teppich bilden wie ein gepflegter Rasen, sich doch ebenso stark ausbreiten wie Gras. Dabei sind sie weniger arbeitsintensiv und in Problemzonen wie etwa im Schatten von Bäumen oder unter Sträuchern leichter anzusiedeln.

Die Auswahl der geeigneten bodendeckenden Pflanzen hängt hauptsächlich von der Größe der ihnen zugedachten Fläche sowie von der Höhe und Ausdehnung der bereits vorhandenen Bäume und Sträucher ab.

Der üppig wuchernde *Rubus tricolor* mit glänzenden Blättern und rötlichen Stielen, *Gaultheria shallon*, die in saurem Boden gedeiht, das bekannte Johanniskraut *Hypericum calycinum* und grüne oder panaschierte Formen der *Vinca major* und *V. minor* mit einfachen oder gefüllten Blüten in Weiß, Blau oder Purpur – sie alle sind kleine immergrüne Gehölze, die sich schnell vermehren und sich wunderbar zum Bedecken größerer Flächen eignen. Da sie wenig Pflege benötigen, sind sie ideal für steile Böschungen und schwer zugängliche Bereiche. Damit sie sich auf ebenen Flächen nicht über ihren Pflanzbereich hinaus ausbreiten, sollte man sie mit gemähten Graswegen einfassen. Wacholder und Heidekraut (es gibt Heidekraut für sauren und für alkalischen Boden), die in die Breite wachsen, entwickeln sich von selbst zu einer undurchdringlichen Bodendecke; da man ihnen aber nicht mit dem Rasenmäher beikommen kann, müssen sie mit der Hand beschnitten werden. Efeu und *Pachysandra terminalis* bleiben dichter am Boden und benötigen weniger Pflege als andere immergrüne Bodendecker.

Auch viele krautige Pflanzen eignen sich als Bodendecker, obgleich sie dichter als Gehölze gepflanzt und mit der Hand von Unkräutern befreit werden müssen, bis sie sich eingelebt haben und eine geschlossene Decke bilden. Immergrüne Stauden wie Günsel *(Ajuga)*, einige Arten der Schleifenblume *(Epimedium)*, Beinwell, Taubnessel und das süß duftende Waldveilchen sind mit den meisten Bodenbedingungen zufrieden und gedeihen im Schatten. Die laubabwerfenden Stauden wie Funkien, Frauenmantel *(Alchemilla mollis)*, Lungenkraut *(Pulmonaria)*, *Omphalodes*-Arten und das blaublühende Kaukasus-Vergißmeinnicht *(Brunnera macrophylla)* bilden dichte Gruppen in lichtem Schatten am Rand von Sträuchern und unterdrücken wirksam die Entwicklung von Unkräutern. *Trachystemon orientalis* mit seinen auffallenden Blättern benötigt mehr Raum, um sich entwickeln zu können.

Diese Art einer natürlichen bodendeckenden Pflanzung ist nicht nur für waldige oder schattige Bereiche geeignet. Rasch sich ausbreitende Pflanzen wie das silberblättrige Hornkraut *(Cerastium tomentosum)*, der Ziest *(Stachys byzantina)*, das Perlpfötchen *(Anaphalis)* und krautige Artemisien gedeihen alle in gut durchlässigem Boden an sonnigen Standorten, wo sie sich zu amorphen Formen ausbreiten und steinerne Einfassungen oder niedrige Mauern überwuchern. Blaue Glockenblumen und bronzeblättrige Veilchen säen sich in Trockenmauern aus, während wilde Erdbeeren einen Teppich in Rosenbeeten bilden.

Links oben: In den Tiefen des Waldgartens von Royaumont auf der Ile de France ist ein mit Steinen eingefaßtes Beet dicht mit wogenden Funkien *(Hosta undulata)* bepflanzt. Vor dem Fond aus kräftig grünem, kurzgeschorenem Gras wirken die cremefarben gezeichneten Blätter auch bei bedecktem Himmel wie von Sonne beschienen. Ein so großartiger Eindruck wie dieser ist mehr wert als das Schauspiel einzelner Pflanzenexemplare, ganz abgesehen davon, daß die geschlossene Laubdecke Unkräutern keine Chance gibt.

Links unten: Das rötliche Laub des Günsels *Ajuga reptans* 'Variegata' paßt gut unter Sträucher und Rosen, zumal die Pflanze im Schatten (aber auch in der Sonne) gedeiht. Obwohl dieser Günsel mit seinen leuchtendblauen Blüten im Frühsommer nicht wuchert, läßt er sich problemlos als dichter Bodendecker ziehen.

Unten: Gewöhnlicher Fenchel *(Foeniculum vulgare)* ist mit seinen kleinen goldenen Blütendolden, die auf kräftigen, glänzenden, bambusartigen Stielen stehen, äußerst dekorativ. Er wuchert üppig und sät sich reich aus. Zu seinen Füßen breitet sich die rosablühende *Phuopsis stylosa* aus und unterdrückt unter ihrem Teppich alles Unkraut.

Rechts: Im Frühling bilden blühende Zwiebelgewächse in Bandgras unter weißen Kirschblüten in einem Garten in Klampenborg, Dänemark, einen farbenprächtigen Teppich. Die frühesten Frühjahrsblüher wie Winterlinge, Scilla und Krokus können auf konventionell gemähten Rasenflächen gezogen werden, da ihre Blätter Ende März absterben. Narzissen und Tulpen blühen später, und man muß mit dem Mähen bis mindestens sechs Wochen nach ihrer Blüte warten, damit die Zwiebeln die Nährstoffe aus den Blättern aufnehmen können. Ausgefallene Zuchtformen werden in Bandgras selten heimisch und bringen jedes Jahr kleinere Blütenköpfe hervor, die in einem naturnahen Garten jedoch viel reizvoller aussehen.

Rechts: In Kerdalo in der Bretagne fügen sich Gruppen aus Gehölzen und krautartigen Pflanzen zu einem wunderbaren Bild verschiedenfarbiger Blatt- und Blütenformen zusammen. Für diesen Gartenstil gibt es keine festen Regeln. Sein Erfolg beruht auf dem sicheren Auge des Gärtners und seinem Wissen um die unterschiedlichen Entwicklungen der Pflanzen, nicht nur innerhalb einer Saison, sondern über Jahre hinaus. Die Gehölze haben ihren endgültigen Platz gefunden, während die krautigen ein- und zweijährigen Pflanzen mitunter ausgedünnt und neu gesetzt werden müssen, damit das Gleichgewicht von Farbe und Form gewahrt bleibt.

Ganz rechts: Am Alten Pfarrhaus in der Nähe von Farnborough, Berkshire, neigen sich Strauchrosen über dicke Tuffs Storchschnabel und Frauenmantel. Üppig wachsende Blumen und Blätter verdecken die geradlinig verlaufenden Ränder des Kieswegs und verleihen der Anlage ein angenehm zwangloses Aussehen. Die meisten Stauden vertragen sich gut mit den Rosenbüschen, die sie nur leicht beschatten, stärkerwüchsige Bodendecker können den Rosen aber schaden.

Strauchrabatten

Jede winterharte Strauchrabatte hat ihre festumrissene Fläche. Die Gehölze können von niedrig wachsenden Pflanzen wie Funkien, Rodgersien, Taglilien, Bärenklau *(Acanthus)* oder dichten Matten aus Günsel *(Ajuga)* und Beinwell *(Symphytum)* begleitet sein. Ihr optisch hervorstechendes Merkmal sind weniger die rasch vergänglichen Blüten, sondern die dekorativen Blätter, und ihre guten bodendeckenden Eigenschaften machen das Unkrautjäten auf die Dauer fast überflüssig.

Ein Beet oder eine Rabatte, in denen laubabwerfende Gehölze, die erst im Spätfrühjahr ihre Blätter zeigen, für Höhe sorgen, ist ein ausgezeichneter Platz für kleinere Waldgartenpflanzen – sowohl Zwiebelgewächse als auch Stauden –, die früh blühen und im Sommer gern Schatten haben. Scilla, Schneestolz *(Chionodoxa)*, Waldanemonen *(Anemone apennina)*, Hundszahn *(Erythronium)* und Dreiblatt *(Trillium)* dürfen sich frei ausbreiten und ihre Teppiche bilden. Auch Kissen von winterharten Zwiebelpflanzen, die später blühen, kann man gewähren lassen, vor allem, wenn sie wie Lilien im Schutz eines Blätterdachs gedeihen können. Nach einigen Jahren sollten die Stauden und Zwiebelgewächse geteilt bzw. erneuert werden, um das Blütenwachstum zu fördern.

Die Sträucher einer solchen Rabatte werden zur Instandhaltung einmal direkt nach der Blüte beschnitten und ein zweites Mal im Winter, damit die Proportionen der Komposition erhalten bleiben. Krautige mehrjährige Pflanzen sind reizvoll anzusehen, wenn sie sich am Anfang des Winters braun und golden färben. Ihre Blütenstiele und toten Blätter müssen nur einmal im Jahr abgeschnitten werden. Einige Gärtner tun das im Herbst und mulchen den nackten Boden zwischen den Pflanzen, wenn er noch warm ist. Andere wiederum schneiden die Pflanzen erst im beginnenden Frühjahr herunter und mulchen, solange der Grundwasserspiegel hoch ist, um die Feuchtigkeit über die Sommermonate hin zu bewahren. Wenn die Rabatte gut geplant ist, werden die Pflanzen in ein paar Jahren zusammengewachsen sein.

Waldgärten

Die ersten Waldgärten, die angelegt wurden, waren eigentlich eher botanische Pflanzensammlungen. Vorhandene Baumpflanzungen wurden ausgedünnt und bildeten oft einen ausgezeichneten Rahmen für die vielen Rhododendren und anderen neuen Gehölze, die im 19. Jahrhundert eingeführt worden sind. Anderswo, besonders in Küstengebieten, wo milde Temperaturen und Feuchtigkeit Experimente mit empfindlichen Pflanzen aus südlichen Ländern erlaubten, die Gärten aber stürmischen Winden ausgesetzt waren, mußten erst Bäume als Schutzwälle gepflanzt werden. Zunächst legte man weniger Wert darauf, die Pflanzen in ästhetisch befriedigenden Gruppen zu arrangieren; jedes Exemplar bekam einen passenden Platz zugewiesen und wurde als ein individuelles Gewächs betrachtet und bewundert. Erst allmählich begann man damit, optisch reizvolle Kompositionen zu schaffen. Das strukturierende Gerüst eines Waldgartens besteht hauptsächlich aus dem kunstvoll inszenierten Wechsel zwischen dunklen Schattenbereichen und offenen, sonnigen Lichtungen.

Waldgartenpflanzen werden im Hinblick auf ihre Formen, ihre Blätter und insbesondere ihre Herbstfarben, aber auch hinsichtlich ihrer Blüten und Früchte ausgesucht und gruppiert. Die Bepflanzung geschieht immer in ›Schichten‹; Bäume und hohe Sträucher schützen niedriger wachsende Gehölze, und diese wiederum bieten Gruppen von Zwiebelpflanzen und schattenliebenden Stauden den nötigen Schutz. Auf alkalischem Boden liefern herabgefallene Blätter einen natürlichen Humus, der die oberste Erdschicht etwas säuert. Vor allem sind es die kleineren Pflanzen unter den vorwiegend laubabwerfenden Bäumen und Sträuchern, denen die ›natürliche‹ Atmosphäre zu verdanken ist. Winterharte einheimische und fremde Pflanzen, die sich oft selbst aussäen, breiten sich im Schatten oder an den offeneren Rändern des ›Waldlandes‹ aus.

Der zerklüftete Garten in Crarae, Argyll, ist dicht mit Azaleen, Zaubernuß *(Hamamelis)*, *Disanthus cercidifolius* und vielen Rhododendren bepflanzt. Als Sir George Campbell hier 1925 mit der Gartengestaltung begann, bedeckte die steilen Uferhänge der Schlucht ein dichtes Gestrüpp aus einheimischen Birken, Erlen, Eichen, Sorbus- und Haselarten. Der Bewuchs wurde gelichtet oder ausgerottet, um einer Bepflanzung Platz zu machen, die nach kompositorischen Gesichtspunkten, ähnlich wie ein Gemälde, inszeniert worden ist. Heute sind die Farben und Texturen der Blüten, Früchte und Blätter, der jeweiligen Saison entsprechend, eine Huldigung an den Blick des Künstlers und seine sorgfältige Planung. Exotische und einheimische Bäume, manchmal der gleichen Gattung zugehörig, gruppieren sich am Rande der Schlucht, um den darunter wachsenden Sträuchern, die Waldbedingungen benötigen, Schatten zu spenden und Schutz zu gewähren. Eichen, Birken, Ahorne und Sorbus, hohe Koniferen und Eukalyptus umgeben Gruppen von Rhododendren, Eucryphien, Magnolien sowie viele südamerikanische und australische Waldpflanzen, die unter diesen günstigen kleinklimatischen Bedingungen gut gedeihen.

Links: Im Wald von Knightshayes durfte sich weißer Fingerhut (*Digitalis* 'Excelsior') in den Waldbeeten aussäen. Einfache Pflanzen, wirkungsvoll eingesetzt, sind oftmals ausdrucksstärker als exotische Raritäten. Im Hochsommer, wenn ein großer Teil des Gartens grün ist, leuchtet der stattliche weiße Fingerhut im Halbschatten der hohen, alten Bäume.

Der Stil eines Waldgartens ist im wesentlichen frei und ungezwungen. Die Wege folgen den Konturen des ›natürlichen‹ Bewuchses, der von den Baumkronen dirigiert wird.

Unten: In Tintinhull, Somerset, blühen wilde Primeln neben Schachbrettblumen *(Fritillaria meleagris),* die ebenfalls in Europa heimisch sind. In vielen Gärten können Primeln, obwohl sie im Frühjahr reizend aussehen, schnell zu einem lästigen Unkraut werden und sollten deshalb nur auf Böschungen und in unwegsameren Gebieten gepflanzt werden. Die Schachbrettblumen säen sich ebenfalls reich aus. Sie blühen auf feuchten Wiesen, gedeihen und vermehren sich aber auch in trockenen, schattigen Bereichen.

Sich selbst aussäende Pflanzen

In fast allen Gärten gibt es Bereiche, in denen man es gewissen Pflanzen – insbesondere ein- und zweijährigen – überlassen kann, sich in situ selbst auszusäen und zu blühen. Diese ›Selbstaussäer‹ verteilen sich überall im Beet oder in der Rabatte und suchen sich die Fleckchen Erde aus, die vorübergehend frei sind und wo genug Licht hinkommt, damit sie gut keimen und sich entwickeln können. Man kann sehr viel Zeit und Arbeit sparen, wenn man diesen Pflanzen erlaubt, sich natürlich auszusäen; sollten zu viele Sämlinge erscheinen, so lassen sie sich leicht ausdünnen und auf diese Weise etwas unter Kontrolle halten.

Sogar in wohlüberlegt aufgebauten Blumenrabatten sollte man diesen Pflanzen die Möglichkeit geben, sich auszusäen und farbenprächtige Gruppen zu bilden. Eine derartige zwanglose Gestaltung ist nicht nur arbeitsparend, sie unterstützt auch die ganze Konzeption eines ›wilden‹ Gartens, in dem die Pflanzen dort wachsen sollten, wo sie gern blühen und sich mit ihren Nachbarn wohlfühlen.

Zweijährige Pflanzen wie der im Frühling blühende weiße und mauvefarbene Silberpfennig *(Lunaria annua)* und auch eine panaschierte Sorte säen sich gern in Gruppen in einer Rabatte aus und gedeihen besonders gut im Schatten. Haben sich Vergißmeinnicht erst einmal ausgesät, dann verschwinden sie nur selten wieder aus dem Garten. Hohe Königskerzen (Sorten von *Verbascum vernale, V. chaixii* oder *V. phoeniceum*) und Nachtkerzen *(Oenothera biennis)*, Veilchen, Primeln, Disteln und Fingerhut können alle zusammen ein ungeplantes, fast ›natürliches‹ Gartenbild ergeben. Vom Fingerhut gibt es viele verschiedene Arten mit den unterschiedlichsten Farbtönen, die alle aus Samen gezogen werden können. *Digitalis purpurea* hat eine weißblühende Variante; *D. grandiflora* hat grünlich-cremefarbene Blütenköpfe, *D. ferruginea* ist bronzefarben und *D. lutea* hat schmale blaßgelbe Blütenähren. Auch Schlafmohn, Jungfer im Grünen *(Nigella)* und die nicht winterharte *Verbena bonariensis* kann man ganz natürlich sich aussäen lassen.

Eine Rabatte in Pusey House, Oxfordshire, in der sich einjährige Blumen wie Schlafmohn und Islandmohn zwischen dicken Tuffs konventioneller Rabattenpflanzen heimisch zu fühlen scheinen. Unerwünschte Sämlinge können leicht entfernt werden, sobald sie sich im nächsten Frühjahr zeigen.

Unten: In John Cavanaghs Garten in London, entworfen von Brian Cox, neigt die *Gunnera* ihre riesigen Blätter über den Teichrand. Die Steine und die sparsame Verwendung von Pflanzenfarben und Materialien verleihen dem Garten ein japanisches Gepräge. Die gerade Einfassung des Teichs wirkt streng, aber die dschungelartige Bepflanzung und die Steingruppen hier und dort lassen einen natürlichen Eindruck entstehen. Das moosähnliche Bubiköpfchen *(Soleirolia soleirolii)* haftet an den Steinen oder an jeder vergleichbaren Oberfläche.

Rechts: In einem abgelegenen Tal in Ockley bei Dorking, Surrey, haben die Landschaftsarchitekten Anthony Paul und Hannah Pescher einen natürlichen Wassergarten angelegt, der von Weiden und Pappeln umgeben ist. Er ist eine Oase aus kühlem Grün, in der große Laubgruppen exotischer und heimischer feuchtigkeitliebender Pflanzen den Hintergrund für aufragende moderne Skulpturen bilden. Bei der Bepflanzung wurde mehr Wert auf Blattformen und -texturen als auf lebhafte Farben gelegt, die nur ablenkend wirken würden.

Wasser

Besonders schwierig und zeitraubend ist es, ein naturnahes Pflanzschema rund um einen Teich – insbesondere einen kleinen Schalen- oder Folienteich – zu entwerfen und instand zu halten. Ein natürlich wirkendes Wasserelement dieser Art sollte immer nur dort seinen Platz finden, wo das Vorhandensein von Wasser selbstverständlich scheint, also nicht etwa auf der Höhe eines Hanggrundstücks.

Die Teichränder sollten natürliche Konturen annehmen. Sie müssen mit Erde und Pflanzengruppen verdeckt werden, die in die trockneren Bereiche hinaufkriechen und in das Wasser hineinwachsen. Ein stufenförmig angelegtes Terrain innerhalb des Teichs, auf dessen einzelnen Ebenen Körbe mit echten Wasserpflanzen Platz finden, läßt sich leicht herstellen. Viel schwieriger ist es aber, den angrenzenden Boden außerhalb des Wassers feucht genug zu halten, damit die feuchtigkeitliebenden Uferpflanzen, die ja zur Zierde eines Wassergartens gehören, darin gedeihen können.

Ein natürlicher Teichrand beherbergt die im Sommer üppig wachsenden reichen Blattpflanzen und die blühenden Stauden, die immer für Farbe sorgen. Rhabarber, Rodgersien, Seggen, Schildblatt, Iris und Gunnera haben auffallende Blattformen und Texturen. Es gibt Primeln und Astilben, die fast den ganzen Sommer über blühen. Welche von ihnen für den Garten geeignet sind, hängt davon ab, wie sauer oder alkalisch der Boden ist.

An einem Folienteich können die üblichen Uferpflanzen nur gedeihen, wenn die Möglichkeit besteht, die Teichfolie noch ein Stück etwa spatentief unter der Erde zu verlegen, mit direkter Verbindung zum Teich und einer Abgrenzung zum umgebenden Boden außerhalb. Wo das nicht geht, kann man die feuchtigkeitliebenden Pflanzen am Uferrand mit einer Berieselungsanlage vor schädigenden Trockenperioden schützen. Es gibt noch die Alternative, grünblättrige, üppig wirkende Pflanzen wie Bärenklau *(Acanthus)*, *Agapanthus* und Funkien zu wählen, die hinsichtlich der Feuchtigkeit nicht so empfindlich sind. Trockenheit liebende Pflanzen mit grauen und silbrigen Blättern wirken am Teich störend.

Links, oben und unten: Ein Privatgarten in Baltimore, Maryland, zeigt *Miscanthus* als Hintergrund für schokoladenbraune Rudbeckien neben blassen Gräsern. Die durchscheinenden Federbüsche des *Pennisetum alopecuroides* schimmern im Sonnenlicht.

Oben und rechts: In einem anderen Garten in Baltimore wirken die Blütenköpfe der Astilben und die kontrastierenden Blattformen, die sich über die harten Oberflächen der Wege neigen, das ganze Jahr über wie ein gelungenes Gemälde.

›New Style‹

Die amerikanischen Landschaftsarchitekten Oehme, Van Sweden und Partner kreierten dieses neue Gartenkonzept, dessen charakteristisches Merkmal der Einsatz unterschiedlicher Gräser ist. Mit ihren interessanten Formen und scharf gezeichneten Blättern und Blütenköpfen schmücken sie die Beete fast das ganze Jahr über. Diese Gestaltung stellt das genaue Gegenteil dar zu einer konventionellen Bepflanzung mit schweren, statischen immergrünen Gehölzen. In einem ›New Style‹-Garten setzen dagegen Bäume mit zartem Laub, Bambus und hohes *Miscanthus*-Gras vertikale Akzente. Gräser *(Pennisetum* und *Calamagrostis)* und Seggen *(Deschampsia* und *Carex)* ergänzen Stauden wie gelbe Rudbeckien (Arten der *Rudbeckia fulgida*), Lavendel, Sedum-Arten (*Sedum* 'Ruby Glow' und *S. spectabile* 'Autumn Joy') und Bleiwurz *(Ceratostigma)* mit bronzefarbenen Stielen. Diese reizvollen kniehohen Gruppen passen wunderbar zu den dicht gesetzten niedrig wachsenden Pflanzen; Günsel, Haselwurz *(Asarum)*, süßduftendes Labkraut *(Galium odoratum)*, Taubnessel und Ziest *(Stachys byzantina)* bedecken den Boden wie einen Teppich zwischen wogenden, raschelnden Gräsern und schlanken, wiegenden Blütenstielen unter den schützenden Zeltdächern der Bäume. Das welkende Laub der Tulpen verschwindet unter den in die Höhe wachsenden Gräsertuffs. Erstaunlicherweise benötigt dieser Gartenstil nur wenig Pflege. Weder die Stauden, die wegen ihres Laubwerks im Sommer und ihrer Blütenköpfe im Herbst gewählt werden, noch die wiegenden Blütenwedel der Gräser werden vor Beginn des Frühjahrs heruntergeschnitten.

East Lambrook

Margery Fish, bekannte Autorin vieler Gartenbücher, in denen sie den Charakter ländlicher Gartenpflanzen und deren Kultivierung beschreibt, hat gleich nach dem Zweiten Weltkrieg ihren Garten in East Lambrook angelegt und bis zu ihrem Tode im Jahre 1969 kontinuierlich gepflegt. Der Garten spiegelt noch heute ihr leidenschaftliches Interesse an besonderen Pflanzen und ihren außergewöhnlichen Instinkt für Pflanzenzusammenstellungen wider.

Rund um die Mauern des alten Hamstone-Gutshauses zieht sich ein Netz aus Beeten, die dicht mit seltenen Formen ganz gewöhnlicher kleiner Pflanzen besetzt worden sind. Jedes einzelne dieser Gewächse wird durch seine Nachbarschaft in seiner optischen Wirkung gesteigert und manche von ihnen gedeihen nun schon seit vielen Jahren an ihren optimalen Standorten. Margery Fish erzeugte mit ihrer Bepflanzung ein Gefühl von Ordnung, vermied aber den Eindruck durchgängiger Planung. So wuchsen in einer sonnigen Ecke grau- und silberblättrige Artemisien, Kamille *(Anthemis)*, Nelken und kriechende Wolfsmilchgewächse. Eine andere Ecke war Pflanzen mit auffallendem Laubwerk vorbehalten wie Christrosen, Farnen, Schildblatt *(Peltiphyllum)*, mehr Feuchtigkeit liebenden Wolfsmilcharten und Neuseeländischem Flachs *(Phormium tenax)*. Der Garten enthielt auch gewöhnliche Seidelbastarten, hohe Wolfsmilch *(Euphorbia wulfenii* 'Lambrook Gold'), eine breite Vielfalt an Storchschnabel-, *Polemonium*, *Paeonia*- und *Vinca*-Arten.

Die Atmosphäre von East Lambrook beruhte einzig und allein auf Margery Fishs hervorragenden gärtnerischen Kenntnissen und ihrer genauen Beobachtung der Pflanzen. Sie achtete immer wieder auf Mutationen der Sämlinge und deren Kultivierung.

Heute wird der Garten von Andrew Norton und seiner Frau restauriert. Sie versuchen, das Wesen des zwanglosen Stils zu bewahren und gleichzeitig Margery Fishs Pflanzensammlung mit Hilfe der Großzügigkeit vieler ehemaliger Kunden zu erneuern, die noch Pflanzen aus ihrer damaligen Gärtnerei besitzen.

Ganz links und links: Hinter dem Malzhaus liegt ein inzwischen ausgetrockneter Graben, in dem der von Apfelbäumen beschattete Boden feucht genug ist für Farne, Christrosen und rosa blühendes Schildblatt *(Peltiphyllum peltatum)*, die hier zusammen mit verschiedenen Sterndoldenarten *(Astrantia)* den ganzen Sommer über gedeihen. Die Große Sterndolde *(Astrantia major)* hat grünlich-weiße Blüten, umgeben von einem Kragen grünlicher Brakteen. An den alten Steinstufen am Ende des Grabens wachsen blaue und weiße Formen der *Campanula latiloba*, *Geranium endressii* 'Wargrave Pink' und im Hintergrund *G.* × *thurstonianum*, kleines *Vaccinium* und Primeln. Die speerförmigen Blätter der *Iris orientalis* bilden dazu einen reizvollen Kontrast. Niedrig wachsende Pflanzen, unter anderem kriechende Efeuarten mit unterschiedlich geformten und panaschierten Blättern, bedecken den Boden mit ihrem Laub.

Oben: Margery Fish liebte Pflanzen mit panaschierten Blättern und bekam von einem Freund diese rosa Rose geschenkt, deren glänzende Blätter hübsche cremefarbene Markierungen zeigen. Es ist schwierig festzustellen, um welche Sorte es sich handelt, aber wahrscheinlich ist es eine *Rosa* 'Werschuren', die panaschierte Form einer holländischen Züchtung. Hier blüht sie in einer glücklichen Verbindung mit dem rötlich-purpurnen Laub der Berberitze *(Berberis thunbergii* 'Rose Glow') und den Blüten der Großen Sterndolde *(Astrantia major)*.

Die Wassergärten von Longstock

In Longstock, Hampshire, erstreckt sich im Tal des Test ein großartiger Wassergarten über ein Gebiet von zwei Hektar. Umgeben von hohen Koniferen wie der Sumpfzypresse *Taxodium distichum* liegt das Gelände versteckt hinter dem übrigen Parkland und dem Arboretum. Der Garten, der sein Wasser aus dem Fluß bezieht und dessen Zustrom durch Schleusen kontrolliert wird, besteht aus fast stehenden Wasserflächen, die teilweise mit Seerosen und anderen Wasserpflanzen bedeckt sind. Inseln, durch Brücken verbunden, bieten geeignete Standorte für Bäume und feuchtigkeitliebende Pflanzen. Echte Sumpfpflanzen finden hier ebenso optimale Wachstumsbedingungen wie Pflanzen, die nur in der Wuchsphase feuchten Boden benötigen.

Die Gärten von Longstock, die in den 50er Jahren für die John Lewis Partnership angelegt wurden, sind beispielhaft für eine Wassergarten-Gestaltung. Die Ufer hat man mit großflächigen, natürlich wirkenden Primel-, Iris- und Farngruppen und mit vielen anderen gut ausgewählten Stauden bepflanzt. Ein solcher Gartenstil bedarf ständiger Pflege und Kontrolle, was bedeutet, daß die Pflanzen während ihres Wachstums immer wieder in ihrer Größe aufeinander abgestimmt werden müssen, und das wiederum setzt eine gründliche Kenntnis ihrer Entwicklung und ihrer Bedürfnisse voraus. Pflanzen am Wasser, die oft große dekorative Blätter haben, wachsen in nährstoffreichem Boden unglaublich schnell und überwuchern oder ersticken sogar weniger kräftige Nachbarpflanzen. Würde man sie nicht regelmäßig ausdünnen, wäre schon bald die wundervolle, harmonisch ausgewogene Gesamtwirkung in Gefahr.

Wie überall in der gärtnerischen Praxis erzielt man dort die besten Ergebnisse, wo man die Anzahl der verschiedenen Pflanzentypen in ihrem jeweiligen Rahmen möglichst klein hält. Es ist weit besser, sich auf drei große Pflanzengruppen mit kontrastierenden Formen wie Rodgersien, Iris und Astilben zu beschränken, anstatt kleinere Gruppen vieler verschiedener Varietäten miteinander zu arrangieren.

Oben: Hier wachsen im Vordergrund gelbe Primeln, Königsfarne, Taglilien und sich neigende Seggen dicht beieinander, erlauben aber dennoch einen Durchblick über das Wasser auf eine Gruppe *Gunnera manicata* und eine Sumpfzypresse im Hintergrund.

Links: Blütenfarben wechseln mit schönen Laubtexturen ab. Hier steht eine große Gruppe rosafarbener Etagenprimeln am Rande des Wassers.

Rechts: In einem solchen Garten ist es wichtig, eine Komposition zu entwerfen, die von jedem Blickpunkt aus malerisch wirkt. Die Seerosen in der Mitte des Teichs scheinen wie Lichtpunkte, die das Auge des Betrachters auf sich ziehen. Rund um den See setzen dekorative Gräser und Iris vertikale Akzente als Kontrast zu Pflanzen mit breiteren Blattformen. Üppig wuchernde *Glyceria maxima* 'Variegata' mit deutlich cremegelb gestreiften, elegant gebogenen Blättern darf sich im Vordergrund vor dem reflektierenden Wasser mit den Seeroseninseln ausbreiten.

Blumenbeete und Staudenrabatten

Pflanzthemen · Die gemischte Bepflanzung · Gertrude Jekyll

Die Rabatte · Die Bepflanzung nach Farben

Giverny · Hestercombe · Tintinhull

Die Gestaltung von Beeten und Rabatten innerhalb des Grundgerüsts der Gartenanlage läßt sich mit der Möblierung einer Wohnung vergleichen und erfordert ebensoviel Überlegung und Geschmack. Während das Pflanzenmaterial für den strukturierenden Rahmen des Gartens hauptsächlich im Hinblick auf das längerfristige Wuchsverhalten und die endgültige Form ausgewählt werden sollte, kommen bei der Sekundärbepflanzung auch vergängliche ein- und zweijährige Gewächse in Betracht.

Wenn ein Beet oder eine Rabatte der einzige Pflanzbereich in einem Garten ist, dann sollte man auf keinen Fall versuchen, die gesamte Fläche das ganze Jahr über in Blüte zu halten. Es ist in diesem Fall günstiger, sich lieber in jeder Jahreszeit auf einen bestimmten Teil zu konzentrieren und die anderen Bereiche ›außerhalb der Saison‹ als ruhiges Grün zu konzipieren. In einem kleinen Garten lassen sich nicht mehr als ein oder zwei Pflanzthemen unterbringen; deshalb sind kleinflächige Gärten dann am wirkungsvollsten, wenn sich bei der Gestaltung auf nur ein einziges Pflanzthema beschränkt worden ist, welches dafür aber wirklich gut ausgeführt wurde. Ein schattiger Stadtgarten kann beispielsweise ein exotischer Dschungel werden, beherrscht von dekorativen Pflanzenformen und kräftig strukturierten großen Blättern. In einer sonnigeren, offeneren Lage stellt ein geometrisches Muster mit Buchseinfassungen ein geeignetes Grundthema dar, das Zwiebelpflanzen, Sommerblumen und Stauden gemischt, in getrennten Gruppen oder in einer bestimmten Kombination einrahmt.

Die meisten Beete und Rabatten sehen am schönsten vor einem dunklen Hintergrund aus und heben sich wirkungsvoll gegen glatte grüne Rasenflächen ab. Eibenhecken mit ihrem dunklen, düsteren Nadelkleid bilden eine hervorragende Folie für leuchtende Sommerfarben, aber ihr hungriges, rücksichtslos ausgreifendes Wurzelwerk kann das Wachstum vieler guter Stauden beeinträchtigen. Wenn genug Platz vorhanden ist, sollte daher eine dreieinhalb bis vier Meter breite Rabatte in etwa einem Meter Abstand zur Hecke angelegt werden. Das sind Idealmaße; natürlich müssen die Beete oder Rabatten in ihrer Größe auf die gesamte Gartenfläche oder auch auf die Höhe der dahinterliegenden Hecke oder Mauer abgestimmt werden. Und die Anzahl der Pflanzen in jeder Gruppe muß dementsprechend kleiner oder größer ausfallen. In dreieckigem und ovalem Grundriß konzipierte Pflanzengruppen, die sich zu einem Schema zusammenfügen, wirken befriedigender als in geraden Linien angeordnete Gruppen, und die Auffassung, möglichst die höchsten Pflanzen nach hinten zu setzen, darf nicht für jeden Garten als strikte Regel gelten. Will man eine schöne Rabatte zusammenstellen, so muß man nicht nur das Auge eines Malers besitzen, der Farben harmonisch zu verbinden versteht; die Anordnung der Pflanzen, die nicht wie bei einem Maler auf einer flachen Leinwand, sondern auf verschiedenen Ebenen geschieht, erfordert auch ein architektonisches Gespür. Jede Gruppe bringt nicht nur Farbe in die Rabatte und hebt Nachbargruppen hervor, sie beeinflußt auch die dreidimensionale Struktur und läßt das Gefühl von Tiefe entstehen. Pflanzen in verschiedenen Höhen werfen Schatten und reflektieren das Sonnenlicht in unterschiedlicher Weise, je nachdem in welchem Winkel die Sonne im Laufe des Tages die Rabatte bescheint.

Seite 158: Auf der sonnigen Terrasse in Kerdalo in der Bretagne sind Blumenrabatten rings um eine Rasenfläche angeordnet. Von immergrünen Bäumen (die auch die stürmischen Winde vom Atlantik abhalten) und von prachtvollen Hartriegeln mit panaschierten Blättern *(Cornus controversa)* umgeben, wuchern silberblättrige Stauden, Katzenminze, Wolfsmilchgewächse und Rosen über die steinernen Einfassungen.

Seite 159: Bunte Wicken dürfen in dieser Rabattenanlage in Child Oxeford, Dorset, frei zwischen anderen Pflanzen und Sträuchern wachsen. Gertrude Jekyll benutzte mit Vorliebe solche sogenannten Zweitblüher, Pflanzen, die erst später im Sommer zu blühen beginnen, um davon die Stiele und verwelkenden Blätter der frühblühenden Sommerstauden überwuchern zu lassen.

Beete mitten im Gras, sogenannte Inselbeete, werden verschiedenartig angelegt. Da sie von beiden Seiten her betrachtet werden können, brauchen sie dementsprechend eine ›Vorder‹- und eine ›Rückseite‹. Manchmal wählt man Pflanzen aus, die alle ungefähr gleich hoch werden, um eine einheitliche Flächenwirkung zu erzielen. Ein anderes Mal werden höhere Pflanzen so gesetzt, daß kleinere darunter dem ersten Blick verborgen bleiben, von welcher Seite das Beet auch betrachtet wird. Solche Inselbeete müssen sorgfältig plaziert werden; wenn sie keine logische Verbindung zu ihrer Umgebung haben, dann wirken sie leicht wie ›aufgesetzt‹. Um das zu verhindern, übernehmen oft niedrig wachsende Pflanzen im Vordergrund die Anbindung an die umgebende Fläche. Kräftige immergrüne Sträucher können den gleichen Effekt

Unten links: In La Malbaie am Sankt Lorenzstrom in Quebec begrenzen hohe Pappeln den Ausblick in die Ferne. Auf dem allmählich ansteigenden Grundstück säumen reich bepflanzte Staudenrabatten einen schmalen Grasweg, dessen Niveauunterschiede durch flache Steinstufen ausgeglichen werden. Eine dicke Schneeschicht schützt die Wurzeln dieser ausdauernden Pflanzen während der Wintermonate.

Unten: Im nördlichen Klima von Quebec ist die Saison zwischen den Frühjahrs- und Herbstfrösten nur kurz. Deshalb gedeiht hier eine Bepflanzung mit winterharten Stauden besser als die beliebte gemischte Rabatte, die durch Gehölze mehr Form und Struktur bekommt. Schnell wachsende, kräftige krautige Pflanzen wie Rittersporn in verschiedenen Blautönen, Mädesüß *(Filipendula ulmaria)*, Flockenblumen *(Centaurea macrocephala)* und Taglilien entfalten ihre Blütenpracht im Juli und im August.

Rechts: In Royaumont auf der Ile de France säumen Spalierobstbäume und Geißblatt, an Holzgittersäulen emporgezogen, die Graswege im Küchengarten. In den schmalen Beeten, die den Rasen einfassen, wachsen Sommerblumen wie rosa- und blaublühender Buntschopf-Salbei *(Salvia horminum)* und *S. patens,* die aus Samen gezogen und Anfang Juni nach dem letzten Frost eingepflanzt werden.

Ganz rechts: In Barrington Court, Somerset, wurde ein alter Rosengarten mit vorwiegend weißen, cremefarbenen und blaß getönten Blumen neu bepflanzt. Sommerblumen wie Ziertabak stehen zusammen mit silber- und graulaubigen Pflanzen in den Mittelbeeten, die symmetrisch im Kreis um eine Sonnenuhr angeordnet wurden. In den Außenbeeten verleiht eine ausdauernde Bepflanzung winterharter Stauden wie Glockenblumen und Astilben dem Pflanzschema Volumen und Charakter.

haben; darüber hinaus werden sie gern als verbindende Elemente zwischen einzelnen Gartenbereichen eingesetzt.

Unter den vielen möglichen Pflanzmustern sind heute offenbar die sogenannten gemischten Rabatten am beliebtesten: dekorative Bäume, Sträucher, mehr-, zwei- und einjährige Pflanzen, nicht winterharte Sommerblumen und Zwiebelgewächse werden miteinander kombiniert, um über einen möglichst langen Zeitraum des Jahres hinweg einen schönen Anblick zu bieten. Andererseits können die Pflanzen für eine solche gemischte Zusammenstellung auch danach ausgewählt werden, daß sie nur in einem bestimmten Monat oder jeweils im Frühjahr, Sommer, Herbst oder Winter ein Farbschauspiel bieten. Die traditionellen Staudenrabatten, in denen nur winterharte Stauden gruppiert werden, die dann im Sommer ihre Blütenpracht entfalten, sind in modernen Gärten, denen es meist an Raum fehlt, selten zu finden. Nur wenige Gartenbesitzer würden heute Gertrude Jekyll nacheifern wollen, die in ihrem Garten eine Rabatte mit Herbstastern *(Aster novae angliae)* angelegt hatte, des weiteren einen Frühlingsgarten, eine abgetrennte verborgene Ecke für ihre eigenen Primelauslesen, eine Sommerrabatte in Rosa- und Grautönen und natürlich ihre berühmte Farben-Rabatte, die in den Monaten Juli, August und September ihren Höhepunkt erreichte. Die meisten Gärtner ziehen dagegen eine inhaltliche Mischung vor, das heißt, sie wählen einzelne schöne Exemplare von Bäumen und Sträuchern oder einige große, dekorative, nicht holzige Pflanzen aus und setzen zwischen und unter sie noch zusätzlich Gruppen niedrig wachsender Blüten- oder Blattpflanzen. Das Ergebnis ist oft eine malerische Pflanzenzusammenstellung, die sorgfältig überlegt ist,

Oben: Die meisten der geformten grünen und goldfarbenen Eiben und Buchsbäume von Levens Hall, Cumbria, wurden Ende des 17. Jahrhunderts gepflanzt und gestaltet. In von niedrigen Buchshecken eingefaßten Beeten kündigen Frühjahrszwiebeln und Vergißmeinnicht die neue Saison an; während der Sommermonate bilden rote Salvien und goldene Ringelblumen den stärkstmöglichen Farbkontrast zu den dunklen Grüntönen der immergrünen Gehölze. Frostempfindliche Hochstammfuchsien, Cordylinen und silberblättrige Senecien, einzeln auf die Beete verteilt, setzen vertikale Akzente und verleihen der Komposition zusätzlichen Reiz. Diese farbenprächtige Bepflanzung ist auf jeden Fall genau geplant, wenn sie auch etwas grell erscheinen mag.

Rechts: In den Anlagen des Château du Pontrancart in der Normandie bilden winterharte Fetthenne *(Sedum)*, violette Flockenblumen und weißblühender Baldrian einen schönen Hintergrund zu den kräftigen warmen Farbtönen der scharlachroten Dahlien, gelben Zinnien und orangeroten Cosmeen. Sie wurden bewußt so zusammengestellt, um in einem abgetrennten Gartenbereich einen kräftigen Farbkontrast zu schaffen. Aus der Ferne verschwimmen diese glühenden Farben für das Auge wie auf einem Gobelin, und die einzelnen Farbwerte lassen sich kaum noch unterscheiden. Wenn eine Rabatte oder ein Beet neu angelegt wird, setzt man jeden Sommer frostempfindliche Beetpflanzen und Sommerblumen dazwischen, bis die ausdauernden Pflanzen sich genügend ausgebreitet haben.

aber wie zufällig arrangiert erscheinen soll, um möglichst den Eindruck zu erwecken, die Pflanzen könnten in dieser Weise auch unter natürlichen Bedingungen zusammen gewachsen sein. In vielerlei Hinsicht überschneidet sich die Auffassung, die solchen Rabatten zugrundeliegt, mit der Idee des naturnahen Gartens, wie sie im vorhergehenden Kapitel beschrieben wurde. Beides erfordert nicht nur gewisse Fähigkeiten auf dem Gebiet des ästhetischen Ausdrucks, wobei die jeweiligen Formen und Größen der Pflanzen besonders beachtet werden müssen, sondern zusätzlich auch eine genaue Kenntnis ihrer Bedürfnisse und ihres Wuchsverhaltens. Es ist deshalb unbedingt notwendig, die natürlichen Standortbedingungen der Pflanzen sowie Lage und Möglichkeiten des eigenen Grundstücks genau zu kennen.

Die berühmtesten Gärtner und Gartenbuchautoren haben immer wieder betont, daß jede Pflanze wirkungsvoll eingesetzt werden kann, solange sie in das Pflanzthema paßt und dieses wiederum in Abstimmung mit der jeweiligen individuellen Gartensituation ausgewählt worden ist. Damit die Anlage erfolgreich ist, sollte man sich darüber hinaus nur für solche Pflanzentypen entscheiden, deren Pflegebedürfnisse in Einklang stehen mit dem Arbeits- und Zeitaufwand, den man bereit ist in den Garten zu investieren. Nur so ist gewährleistet, daß sich die für die jeweiligen Boden- und Klimaverhältnisse geeigneten Pflanzen auch tatsächlich optimal entwickeln. Ein allzu ehrgeiziges Schema wird selten zufriedenstellend gelingen.

Die meisten von uns versuchen, alle Bereiche ihres Gartens so zu gestalten, daß sie eine möglichst lange Zeit des Jahres ein reizvolles Bild bieten. Mit mancher raffinierten Pflanzenkombination, bei der Zwiebelgewächse und laubabwerfende Sträucher nebeneinander gedeihen, läßt sich die Blütezeit verlängern. Kleine farbenprächtige Anemonen, Scilla, Schneestolz und Alpenveilchen wachsen im lichten Schatten unter Sträuchern, die im Frühjahr oder Sommer blühen; lange Lilienstengel bahnen sich ihren Weg durch die hingebreiteten Zweige niedrigwüchsiger Stauden; *Galtonia candicans*, die im Sommer blüht, kann zwischen die Rhizome der sonnenliebenden *Iris germanica* gepflanzt werden. Narzissenzwiebeln lassen sich in Gruppen zwischen Funkien oder Taglilien *(Hemerocallis)* setzen, deren aufragendes Laub nach kurzer Zeit die absterbenden Blätter der Narzissen bedeckt. Spätblühende Stauden und einjährige Kletterpflanzen sehen am schönsten aus, wenn sie durch das Laub von Sträuchern klettern können, die im Frühjahr blühen. Die kleinblühenden Clematis-Arten oder die verschiedenen Sorten der *Clematis viticella*, mehr- oder einjährige Kressen *(Tropaeolum)* und andere einjährige Blumen wie Glockenreben *(Cobaea)*, Maurandien *(Maurandia)* und Prunkwinden *(Ipomoea)* bedecken alle Sträucher mit einem schönen Gewand, ohne ihnen Schaden zuzufügen. Diese Art der Gartenanlage verlangt viel Erfahrung und regt immer wieder zu Experimenten an; Pflanzenzusammenstellungen können Gartenwirkungen schaffen oder zerstören, und die Fähigkeit, solche Pflanzen auszuwählen, die sich für eine Kombination eignen, beruht nicht nur auf einem guten Gefühl für Farbharmonien, sondern auch auf dem Wissen, welche Pflanzen unter ähnlichen Bedingungen gedeihen und in der gleichen Jahreszeit ihren Höhepunkt erreichen. Dieser ›Zeitfaktor‹ ist beinah noch wichtiger als die Standortansprüche.

Links: In The Gables, Somerset, ist die Bepflanzung durchweg gemischt: Sträucher, Strauchrosen, Stauden, Sommerblumen und Zwiebelgewächse gedeihen überall im Garten in den Blumenbeeten und auch im Wald. Viele Pflanzen vertragen sehr viel mehr Schatten, als wir gemeinhin annehmen würden. Die Wiederholung von Pflanzen- und Farbzusammenstellungen in sonniger Lage und im Wald verleiht der ganzen Anlage einen einheitlichen Charakter.

Rechts oben: In Lytes Cary, Somerset, enthält eine lange Rabatte vor einer Steinmauer Rosen, einen purpurblättrigen Perückenstrauch *(Cotinus coggygria* 'Royal Purple') und andere Sträucher, die zusammen mit starkwüchsigen Stauden wie winterharten Storchschnabelarten, Lichtnelken *(Lychnis)*, Katzenminze und Frauenmantel *(Alchemilla mollis)* in eindrucksvollen Gruppen angeordnet sind. Die Sträucher und Rosenbüsche sind die ausdauerndsten Pflanzen der Rabatte. Die Stauden müssen alle paar Jahre umgruppiert und neu gepflanzt werden, damit die Rabatte nicht aus dem Gleichgewicht gerät.

Rechts unten: In Simon Hornbys Garten in der Nähe von Pusey, Oxfordshire, sind die geschwungenen Beete mit einer Mischung aus Strauchrosen, zweijährigen Pflanzen wie Fingerhut und dekorativen Blattpflanzen wie Funkien, Schleifenblume *(Epimedium)* und *Brunnera* bepflanzt, die sogar dann noch ein interessantes Bild bieten, wenn sie verblüht sind. Das Geheimnis eines erfolgreichen Rabattenentwurfs besteht darin, daß man in drei Dimensionen denkt und zugleich die eher malerischen Qualitäten der einzelnen Gartenszenen in seine Überlegungen einbezieht. Massige und hohe Pflanzen sorgen für Struktur und Tiefe und werfen Schatten. Diese Art der Gartengestaltung wird oft als ›ländlicher Stil‹ bezeichnet, aber seine Konzeption ist deshalb keineswegs einfach; vielmehr verlangt er ein hohes Maß an raffinierter Planung.

In Bampton, Oxfordshire, hat die Gräfin von Munster eine Rabatte entworfen, in der grau- und silberblättrige Pflanzen als Hintergrund für Blumen in blassen Pastellfarben dienten. Die Pflanzung, die viele Jahre lang als eine der eindrucksvollsten Rabatten Englands galt, ist heute nicht mehr in ihrem ursprünglichen Zustand erhalten. Die Konzeption erinnerte an Gertrude Jekylls Asternrabatte in Munstead Wood, Surrey. Dort wuchs eine Herbstrabatte mit Asterngruppen in Blau, Rosa und Weiß, unterpflanzt mit silbrigem Ziest *(Stachys)* und bläulichgrünblättrigen Nelken *(Dianthus)*.

Einjährige Blumen, die am besten in dichten Gruppen gesetzt werden, wachsen besonders schnell und erreichen den Höhepunkt der Entfaltung ihrer Blüten und Blätter schon einige Wochen, nachdem sie gepflanzt wurden. Flach wurzelnde zweijährige Pflanzen können oft in Gärtnereien vorgezogen und erst im nächsten Jahr ins Beet gesetzt werden, wo sie sich dann wie einjährige Blumen schnell entwickeln. Zweijährige Pflanzen mit tiefen Pfahlwurzeln vertragen diese Behandlung dagegen nicht: dekorative Disteln, Eselsdisteln, Edeldisteln, Mariendisteln, aber auch Königskerzen sollten schon im ersten Jahr ihres Wachstums als ganz junge Pflanzen an ihrem endgültigen Standort gezogen werden. Mondviolen, Vergißmeinnicht, Fingerhut und Nachtkerzen kann man bereits im voraufgehenden Herbst an den Ort setzen, an dem sie im folgenden Frühjahr blühen sollen, und das tunlichst, solange es noch warm ist, da die Pflanzen in einem warmen Boden ihr Wurzelsystem schneller neu etablieren können und zu einer weiteren Wachstumsperiode angeregt werden. Die meisten Stauden benötigen mehr als eine Wachstumssaison, um sich zu voller Schönheit zu entwickeln, und Sträucher oder Bäume brauchen Jahre, bis sie ihre endgültige Form erreicht haben. Immergrüne Pflanzen, die wirkungsvollsten Zierpflanzen schlechthin, wachsen im allgemeinen am langsamsten; sie werden nicht überleben, wenn sie von einer Kurzzeitbepflanzung, die in den Zwischenperioden Farbe geben soll, bedrängt werden. Ginster und Zistrosen *(Cistus)* sowie silberblättrige Artemisien und *Senecio*-Arten (Kreuzkraut) wachsen schnell, leben aber nicht lange und müssen nach etwa fünf Jahren ersetzt werden.

Dieser Gartenstil, bei dem eine zwanglose Bepflanzung innerhalb eines ganz strengen Rahmens zum Thema wird, ist typisch für Rabattenentwürfe von Gertrude Jekyll. Ihre Erfahrungen und Ratschläge hinsichtlich dieses Bepflanzungsstils, die sie in ihren Büchern festgehalten hat, sind heute genauso neu und nützlich wie damals. Nur noch wenige der von ihr entworfenen Gärten sind in den Grundzügen erkennbar geblieben und auch in Munstead Wood, ihrem eigenen Refugium, kann man ihren Stil nur noch mit Mühe erahnen. Der Nußbaumweg dort, er erstreckte sich jenseits eines gepflasterten Hofs hinterm Haus nach Norden, war typisch für ihre zurückhaltende Gestaltung. Eine Allee mit Haselnußbäumen *(Corylus maxima)* war unterpflanzt mit Primeln und anderen Frühjahrsblühern, Christrosen, Anemonen und Zwiebelgewächsen, die am Fuße der Bäume einen dichten Teppich bildeten. Es lohnt sich, Hestercombe (eine Anlage, die kürzlich restauriert wurde; siehe Seite 186 f.) zu besuchen und dort zu studieren, wie Gertrude Jekyll innerhalb eines von Edwin Lutyens kunstvoll mit Mauern gestalteten Gartenrahmens die Pflanzen in großen Gruppen zwanglos angeordnet hat. Auf einer der Terrassen hat sie eine Rabatte ausschließlich aus Pflanzen mit grauen und silbernen Blättern zusammengesetzt. Lavendel und Heiligenkraut quellen über die Beetränder und hängen in naturalistischer Manier über die Mauern hinab. Gertrude Jekyll war eine ausgebildete Künstlerin und eine erfahrene praktische Gärtnerin; ihr sicherer Geschmack und ihr fundiertes Wissen über Pflanzen und deren Bedürfnisse sorgten dafür, daß sich ihre zwanglose Art der Bepflanzung innerhalb eines festen Rahmens nicht zu einem planlosen Durcheinander auswuchs.

In einer einfachen Staudenrabatte in Stitches Farm House, East Sussex, entfalten Anfang Juni frühblühende Stauden ihre Blütenpracht. Blaßrosa Orientalischer Mohn blüht vor dunklem Rittersporn; Ziest *(Stachys byzantina)* und rosafarbenes moosartiges Steinbrech mit Frauenmantel *(Alchemilla mollis)* im Hintergrund sind niedriger wachsend. Alle diese Pflanzen verblühen am Ende des Monats; indes treibt Rittersporn im September eine Nachblüte, sofern die alten Blütenstände entfernt wurden. Die graugrünen Blätter des Frauenmantels erneuern sich innerhalb von zehn Tagen, wenn die alten zurückgeschnitten werden.

Die Rabatte

Nicht selten wird behauptet, die Rabatte mit winterharten krautigen Pflanzen sei eine Erfindung von William Robinson, und Gertrude Jekyll habe dieses Thema nur aufgenommen, erweitert und verfeinert, um dann damit ihre meisterhaften Farbsymphonien zu schaffen. Tatsächlich ist das aber nicht der Fall. Shirley Hibberd, der kurz vor William Robinson geschrieben hat, hat immer wieder auf die Verwendungsmöglichkeiten schöner Stauden hingewiesen, die nach ihrer Blütezeit verwelken, den Winter über eine Ruhepause einlegen und bei wärmerem Frühjahrswetter wieder auszutreiben beginnen.

Sogar als die Mode der Teppichbeete, in denen unzählige Sommerblumen zu mosaikartigen Mustern zusammengesetzt wurden, seit Mitte des 19. Jahrhunderts ihren Höhepunkt erreichte, wurden traditionelle Stauden noch in den Gartenbereichen verwendet, die mehr praktische als repräsentative Funktionen hatten. In den großen Gärten wuchsen diese alten Lieblingsgewächse in doppelten Rabatten, die oft im Hintergrund von Spalierobstbäumen eingerahmt wurden und den Mittelteil eines großen ummauerten Küchengartens einnahmen. Die Rabattenblumen wurden zum Schmücken des Hauses und als Ergänzung für die seltenen Treibhaus- und Topfpflanzen verwendet. 1846 enthielten die Pläne für den neuen Garten in Arley Hall, Cheshire, auch eine lange doppelte Staudenrabatte; sie sind der früheste englische Beleg für Rabatten, die in einer Gartenanlage nicht mehr zur Anzucht von Schnittblumen dienten, sondern allein aus dekorativen Gründen entworfen worden sind.

Hibberd weist ausdrücklich darauf hin, daß »Beetpflanzen einen Garten nur zusätzlich schmücken, während die Staudenrabatte ein notwendiges strukturierendes Element eines jeden Gartens darstellt«. Tatsächlich bleibt die gemischte Rabatte ein wichtiger Bestandteil beinahe jeder Gartenanlage, aber das reine Staudenbeet, das keine Gehölze, Zwiebelgewächse, sich selbst aussäende zweijährige Pflanzen und hier und da verteilte Gruppen aufeinander bezogener geeigneter einjähriger Pflanzen kennt, läßt sich kaum mehr finden. Sogar Gertrude Jekyll hat Dahlien und andere nicht winterharte Beetpflanzen verwendet; sie griff auf Sommerblumen zurück, um ihre Farbthemen zu unterstreichen, und versenkte Töpfe mit Lilien und Hortensien in jedes freie Stück Erde, um die Blütezeit ihrer Rabatten noch bis in den Spätherbst zu verlängern. In Great Dixter (siehe Seite 96f.) nimmt Christopher Lloyd heute frühblühende Stauden aus den Rabatten heraus und ersetzt sie durch einjährige Pflanzen, die im Hoch- und Spätsommer die Farbpalette ergänzen. Er besitzt eine eigene Gärtnerei, in der er seine selbst vermehrten Pflanzen verkauft; auch Gertrude Jekyll kultivierte viele der Pflanzen, die sie in ihren Gartenentwürfen verwendete, selbst und war so unabhängiger bei der Planung.

In ihren Büchern hat sie uns viele Hinweise gegeben, wie man Rabattenpflanzen zweckmäßig einsetzt, vor allem, wenn es um eine Mischbepflanzung geht. Sie führte kriechendes Schleierkraut *(Gypsophila)* und mehrjährige Wicken über die unordentlichen Blätter von frühblühenden Stauden wie Orientalischem Mohn und im Juli blühendem Rittersporn. Sie legte auch die Stiele hoher Sonnenblumen *(Helianthus salicifolius)*, Rudbeckien, Dahlien und Herbstastern um und band sie an Pflöcke, um kahle Erdflecken oder verwelkendes Laub zu bedecken. Mitunter entfernte sie sogar Blütenstiele, um die Blütezeit hinauszuzögern – eine Methode, die man auch bei Sommerblumen anwendet, die man entspitzt, damit sie buschiger werden und blühende Seitentriebe bilden. Diese Gartenarbeit ist zwar kaum zeitaufwendig – man braucht dafür nur wenige Minuten –, sie setzt aber die ständige Beobachtung des kleinsten Details und etwas Geschicklichkeit in den Fingern voraus.

Will man eine Rabatte mit winterharten Stauden anlegen, so muß man die Pflanzengruppen peinlich genau anordnen, und wenn sie gepflanzt sind, brauchen sie Jahre, um ihren Höhepunkt zu erreichen. Leider kommt noch dazu, daß sich die Pflanzen unterschiedlich schnell entwickeln und ausbreiten, und einige müssen alle paar Jahre geteilt werden. Wenn keine dauerhafte Bepflanzung aus Sträuchern und Zwiebelgewächsen im Wege ist, lassen sich Staudengruppen, falls erforderlich, beliebig einzeln herausnehmen. Nur selten werden alle Pflanzen herausgenommen und in einem Einschlagbeet aufbewahrt, damit anschließend die Rabattenanlage vollständig erneuert werden kann. In diesem Fall sollte das Beet ganz umgegraben und mit organischem Dünger verbessert werden. Wenn notwendig, wird der Boden mit einem chemischen Entseuchungsmittel sterilisiert. Eine solche Maßnahme kann erforderlich werden, wenn Rosen oder andere Pflanzen der Familie *Rosaceae* über einen langen Zeitraum an derselben Stelle gestanden haben. Unumgänglich ist sie in alten Gärten, die vielleicht etwas vernachlässigt worden sind, und in denen mehrjährige Unkräuter sich zu genauso kräftigen Pflanzen entwickeln konnten wie die Gartenpflanzen, die man haben möchte. Die schlimmsten unter ihnen, Winden (*Convolvulus*-Arten), Giersch *(Aegopodium podagraria)* und der Kriechende Hahnenfuß *(Ranunculus repens)* lassen sich am besten unter Kontrolle bringen, wenn man den Boden sterilisiert oder eine ganze Saison über mit Herbiziden behandelt. Goldrute, einige Herbstastern und viele Felbericharten *(Lysimachia)* sehen zwar in begrenzten und ausgewogenen Gruppen reizvoll aus, können aber zu einem lästigen Unkraut werden, das sich dann mitunter nur schwer wieder entfernen läßt.

Die hohen Stauden in einer Rabatte müssen an Stäben befestigt werden und selbst die niedrigeren benötigen eine Stütze. Entscheidend ist dabei, ob der Standort kräftigen Winden und Luftwirbeln ausgesetzt ist. Als allgemeine

Links: In Bramdean House bei Winchester führt ein Grasweg durch zwei breite Staudenrabatten auf eine Sonnenuhr in einem weiteren Gartenteil zu, der mit zwei schönen schmiedeeisernen Gittertoren geschmückt ist. Die Bepflanzung besteht hauptsächlich aus einzelnen Pflanzenexemplaren statt aus Gruppen einer Sorte. Da sie sich schnell ausbreiten, muß die Zusammenstellung immer wieder neu geordnet werden. Hohe zweijährige Pflanzen wie Eselsdistel *(Onopordum arabicum)*, eine hohe Distel mit silberfarbenem Laub, sorgt in der Rabatte für Höhe. Im Frühsommer blühen hier vor allem blaue und magentarote Blumen; später herrschen dann Gelb- und warme Orangetöne vor.

Regel gilt, daß die Stützstäbe ungefähr zwei Drittel der zu erwartenden Pflanzenhöhe betragen sollten. Haselnußzweige, Bambus und Schnur oder Metallringe auf Füßen können als Stützen verwendet werden. Natürlich sollten sie so unauffällig wie möglich sein. Wenn die Pflanzen im Mai oder Anfang Juni festgebunden werden, verdecken sie Stäbe und Bindfaden rasch. Solche Staudenrabatten können nicht länger als drei Monate, gewöhnlich von Mitte Juni bis Oktober, ein gleichbleibend prachtvolles Bild bieten. Wenn die verwelkenden Blütenstiele abgeschnitten werden, bringen viele der frühblühenden Stauden ganze Hügel frischen Laubs hervor, und einige unter ihnen, zum Beispiel Katzenminze und Rittersporn, blühen sogar am Ende der Saison zum zweiten Mal.

Einige Gärtner säubern und ordnen ihre Staudengruppen gern aufs neue, sobald das Laub zu welken und abzusterben beginnt. Robinson betonte dagegen den Wert der sich kräuselnden braunen, rotbraunen und goldgetönten Blätter und Stiele der Stauden, die noch lange Zeit nach den ersten Frösten ein schönes Bild bieten. In seinem wilden Garten überließ er sie der Obhut der Natur, die sie spätestens bis zum nächsten Frühjahr verarbeitet hatte. Es gibt noch einen weiteren Grund für einen Aufschub: Die Samen mancher zweijähriger Pflanzen werden erst im Spätherbst reif und säen sich dann aus.

Oktober ist die beste Zeit, um über die Gestaltung des Gartens nachzudenken und vor allem zu überlegen, wie man mit wenig Arbeitsaufwand und mit guten Pflanzen einfache, schöne Wirkungen erzielt. Die sich reich aussäenden zweijährigen Pflanzen – sogenannte kurzlebige Stauden – können eine wesentliche Rolle in einer frei gestalteten Bepflanzung spielen. Sämlinge keimen dort, wo sie ausgefallen sind und dürfen einzeln oder in Gruppen blühen. Sie verleihen der Atmosphäre eines Gartens etwas Zufälliges. Unerwünschte Sämlinge können leicht entfernt werden, sobald sie zu wachsen beginnen, um denen Platz zu machen, die in der nächsten Saison im Schutz der älteren Pflanzen blühen werden.

Links: In Darley House, Derbyshire, überragen weiße Lupinen das silbrige Laub der winterharten *Artemisia* 'Powis Castle'. Lupinen blühen im Juni, aber eine gute Blattpflanze wie die Artemisie hält ein Pflanzschema zusammen und ist fast das ganze Jahr über dekorativ. Bei der Planung einer gemischten Rabatte sollte man möglichst nicht auf immergrüne Gehölze verzichten, die den Garten auch im Winter beleben. Die ›Silberpflanzen‹ bieten nach harten Frösten nur noch selten einen schönen Anblick; wenn man sie aber zurückschneidet, erholen sie sich im Frühsommer schnell.

Rechts: Sissinghurst ist ein Garten für alle Jahreszeiten. Alle Pflanzmuster sind sorgfältig geplant, so daß jede Abteilung fast das ganze Jahr über ein farbiges, reizvolles Bild bietet. Im Spätsommer blüht der Bärenklau *(Acanthus)*, und die Rosen tragen schon dekorative Hagebutten. Die Hortensie *Hydrangea aspera villosa*, die Fetthenne *(Sedum)* und ein elegantes Gras *(Pennisetum alopecuroides)* haben eine lange Blütezeit. Dekoratives Laub ist oft genauso wichtig wie Blüten, deren Schönheit schneller vergeht; die silberblättrige Artemisie bildet einen sanften Hintergrund für die Blätter einer panaschierten *Iris pallida dalmatica* 'Aureovariegata' und sich neigende Gräser. Die Blätter des Bärenklau sind den ganzen Sommer über ansehnlich, und das Laub der *Rosa glauca* hat vom Frühlingsbeginn an einen blassen Grauton.

Unten: Winterharte Stauden wie mauvefarbener Salbei, karmesinrote Lichtnelken *(Lychnis),* Taglilien, rosa Rittersporn und Kugeldisteln *(Echinops)* sind in einem breiten Beet in Gruppen zusammengesetzt. Die Blütenähren von Salbei und Rittersporn setzen vertikale Akzente und beleben dadurch das insgesamt flächig wirkende Beet. Um solche ›Rabattenbilder‹ zu entwerfen, muß man Form und Wuchsart der Pflanzen ebenso beachten wie die Planung von Farbharmonien und -gegensätzen.

Rechts: In Arley Hall, Cheshire, wurde 1846 die doppelte Staudenrabatte als dekoratives Element der neuen Gartenanlage geplant. Sie gilt als erstes Beispiel einer Bepflanzung, bei der winterharte Staudengruppen als Gartenschmuck eingesetzt wurden, statt sie, wie bis dahin üblich, in Küchengärten als Schnittblumen zu ziehen. Glücklicherweise sind die Rabatten noch gut erhalten und auch weiterhin ein Beispiel für solide gärtnerische Arbeit und harmonische Farbgestaltung. Hinter einer der beiden Rabatten erstreckt sich eine alte Backsteinmauer, die Raum für Kletterpflanzen bietet. Gegenüber bildet eine geschnittene und geformte Eibenhecke einen kräftigen dunklen Hintergrund und verleiht diesem Gartenbereich einen architektonischen Charakter.

Die Bepflanzung nach Farben

Ebenso wie Gartenpläne oft allzu viele Elemente enthalten, können auch Beete und Rabatten wie ein verwirrendes Kaleidoskop von Farben wirken. Eine farbliche Gestaltung mit Blick auf Harmonien verwandter Farbtöne oder auf zu bestimmten Zeiten sich ergänzende Kontraste von Blüten, Laub und Früchten ist von großer Bedeutung für die endgültige Wirkung des Gartens.

Eine Häufung unverbundener, beziehungsloser Farbtöne und -flecken schafft Verwirrung. Die Farbkomposition sollte wie die architektonische Planung des Gartens ein Gefühl von Einheit vermitteln. Wenn man ein Pflanzschema betrachtet oder an einer Rabatte entlangspaziert, sollte jedes farbliche Zusammenspiel benachbarter Pflanzen, in dem immer wieder neue Farbkombinationen folgen, nicht nur in sich logisch, sondern auch ästhetisch befriedigend wirken.

Die Grundlage einer harmonischen Farbkomposition kann entweder ein einfarbiges Thema sein oder ein kontrastierendes Farbmuster. ›Einfarbig‹ reicht in diesem Fall von unterschiedlichen Tonstufen einer Farbe bis zu einer Kombination benachbarter Farben, etwa Rotviolett, Violett, Blauviolett und Blau. Eine solche Zusammenstellung wirkt beruhigend, während Komplementärfarben, die sich so stark wie möglich gegeneinander absetzen, einen Wechsel der Stimmung hervorrufen. Die warmen Farben Gelb, Orange und Rot wirken anregend und treten optisch hervor, wohingegen kalte Farben wie Gelbgrün, Grün, Blaugrün, Blau und Blauviolett zurückzutreten scheinen. Auf dieser Grundlage lassen sich durch Blütenfarben optische Täuschungen inszenieren, die den Gartenraum verändern. In einer räumlichen Planung werden Entfernungen und Abmessungen durch die Farbzusammenstellung beeinflußt, so daß man analog zur Linearperspektive, mit deren Hilfe die architektonischen Formen eines Gartens absichtlich zur Täuschung eingesetzt werden können, von Farbperspektive spricht. Daher sollte eine Auseinandersetzung mit den Regeln der Farbenlehre, in der auch im einzelnen ausgeführt wird, wie sich Farben in der gegenseitigen Beeinflussung verändern, am Beginn jeder ernsthaften Gartenplanung stehen.

Jede Diskussion über Farbkompositionen im Garten ist zugleich auch eine über Pflanzenkombinationen. Farbe ist viel mehr als das Spektrum des Regenbogens. Tatsächlich existiert eine Farbe, die wir wahrnehmen, niemals isoliert. Was wir als farbig erkennen, ist immer ein Zusammenspiel von Form und Masse, von Kontur und Textur. Selbst wenn wir Laubfarbe und Blattformen eines Strauchs in unserer Betrachtung beiseite lassen, erscheint er entweder schwer oder leicht, je nachdem wie er seine Zweige und Blätter trägt. Immergrüne Gehölze wie Stechpalme *(Ilex)* oder Duftblüte *(Osmanthus)* wirken schwer, massiv und mit dem Boden verhaftet, während die frischen jungen Blätter von Robinie, Hartriegel und den meisten laubabwerfenden Sträuchern leicht und filigran erscheinen. Farben verändern sich im Sonnenlicht und auch Schatten sind nicht einfach nur dunkel, sondern haben ihre eigene, wenn auch sehr zurückgenommene Farbigkeit. Selbst in einem regelmäßigen, geometrischen Garten, in dem immergrüne Hecken akkurate horizontale und vertikale Muster zeichnen, kann man beobachten, wie sich mit dem Lauf der Sonne und den daraus resultierenden Licht- und Schattenspielen die Farben und auch die Formen verändern. Bei der Planung einer Rabatte muß man alle diese Faktoren berücksichtigen und vor allem wissen, wie Farben sich in ihrem Ausdruck verändern, wenn sie nebeneinandergesetzt werden. Obwohl man bei der Gartenplanung auf die Farbenlehre zurückgreift und die Fähigkeit eines Malers besitzen muß, um sie erfolgreich anzuwenden, besteht hier doch ein gewisser Unterschied. Während der Maler seine Farben auswählt, um sie auf der ebenen Fläche der Leinwand aufzubringen, wird die Bepflanzung sogar der kleinsten und schmalsten Rabatte zu einem räumlichen Experiment; es entstehen Höhen und Tiefen sowie modellierende Schatten zwischen den verschiedenen Pflanzengruppen. Auch der Blickwinkel, aus dem eine Rabatte betrachtet wird, ist ja im Gegensatz zu dem Ausschnitt, den ein Gemälde oder ein Photo zeigt, veränderbar.

Farben wirken wärmer oder kälter, näher oder ferner und sie sind gegenseitig beeinflußbar. Nach den Gesetzen des Simultankontrasts werden nebeneinandergesetzte Blüten oder Blätter von der Komplementärfarbe (im Farbenkreis jeweils die diametral gegenüberliegende) der anderen Blüten und Blätter getönt. Wenn also rote und blaue Blüten zusammenstehen, bekommt das Rot eine orangefarbene und das Blau eine grünliche Tönung (denn Orange ist komplementär zu Blau, Grün zu Rot). Weiße Blumen zwischen grünen Blättern wirken zartrosa, sind sie aber von neutralem grauen Laub umgeben, wird ihr Weiß noch strahlender. Setzt man die Komplementärfarben Rot und Grün nebeneinander, dann scheinen beide Farben noch intensiver zu werden; ebenso werden Kombinationen von Blau- und Orangetönen sowie Violett- und Gelbtönen – deren Kontrast ohnehin ziemlich hart ist – noch leuchtender. Diese Erfahrungen macht das Auge ganz spontan und der Betrachter reagiert gewöhnlich völlig unbewußt.

In welchem Maß Nachbarfarben sich gegenseitig beeinflussen, hängt auch von der relativen Größe des Pflanzbereichs oder der Pflanzenmenge ab. Aus einer gewissen Entfernung betrachtet, verschwimmen sogar große Flecken einzelner Blüten- oder Blattfarben wie in einem impressionistischen Bild, während sich aus der Nähe betrachtet jede Farbe von der Nachbar-

Ganz links: In Saling Hall, Essex, bilden die gliedernden niedrigen Buchshecken einen architektonischen Rahmen für die ausgesprochen zwanglose Bepflanzung. Hugh Johnson setzte blaue, weiße und gelbe Blumen in die Rabatte, also vorwiegend kühle Farben. Hier bilden Salbei (*Salvia* 'Superba'), blaublühende Glockenblumen *(Campanula latifolia),* Schneewittchen-Rosen und gelbe Nachtkerzen eine bezaubernde Gruppe.

Links: Blütenähren von weißem Baldrian und graulaubigem Ziest *(Stachys byzantina)* bilden einen schönen Kontrast zu den Buchskugeln in dieser Rabatte in Veere, Holland. In den meisten Pflanzmustern lassen sich blasse Blütenfarben wirkungsvoller einsetzen als leuchtende warme Farbtöne. Da sie den Blick anziehen, haben sie die Tendenz, Entfernungen zu verzerren und zu verkürzen.

farbe abhebt und für sich allein wirkt. Normalerweise müssen beide Effekte bei der Planung eines Gartens berücksichtigt werden; ein Beet wird nämlich oft nicht nur aus der Entfernung über eine Rasenfläche hinweg oder vom Haus aus betrachtet, sondern auch unter verschiedensten Winkeln aus der Nähe. Einzelne Tulpen, in ein Beet von Vergißmeinnicht gepflanzt, oder Blumen auf einer Alpenwiese werden nicht mehr als farbliche Individuen wahrgenommen, sondern wirken als Gesamtbild. Die winterharten Stauden, die den größten Teil der Bepflanzung der breiten Rabatten von Bramdean House (siehe Seite 170) ausmachen, wurden oft als einzelne Exemplare gesetzt, um diesen pointillistischen Effekt zu erzielen. Am Anfang der Saison herrschen Blau-, Mauve- und Karmesintöne vor; später treten Gelb- und Orangetöne an ihre Stelle, die Farben der untergehenden Sonne.

In Nymans, Sussex, liegen zwei parallel verlaufende Rabatten von 90 m Länge einander gegenüber, nur durch einen schmalen Weg getrennt. Die Beete sind ausschließlich mit Sommerblumen bepflanzt, die in dreieckigen Gruppen von 25 bis 30 Pflanzen angeordnet wurden und vom Juni bis in den Oktober blühen. Man kann sie nur aus der Nähe oder aber über ihre ganze Länge von einem entfernten Punkt aus betrachten. Bei dieser Rabattengröße gehen die vielen Blütenfarben dann optisch ineinander über.

In anderen Farben-Rabatten sind die Pflanzgruppen großzügiger bemessen, und deshalb sind hier die Effekte des Simultankontrasts entscheidend. Diese Wirkungen werden zwar anhand der Farbenlehre inszeniert, aber natürlich sind Blütenfarben keine reinen Spektralfarben. Sie sind meist blasser oder dunkler oder auch gebrochen.

Gewöhnlich bestehen die einzelnen Pflanzengruppen eines Beets oder einer Rabatte aus drei, fünf, sieben oder mehr Pflanzen und sind im Dreieck angeordnet. Blüten- und Laubfarben werden aus der Nähe betrachtet isoliert wahrgenommen; sie verschmelzen aber miteinander, sobald man sie aus der Ferne anschaut. Je größer eine Pflanzengruppe ist, um so deutlicher hebt sich ihre Blüten- und Blattfarbe von den Nachbargruppen ab und behält ihre Identität.

Ganz links: Im Fellows' Garden des Clare College in Cambridge sind einige der schönen Rabatten nach farblichen und zeitlichen Gesichtspunkten angelegt worden, um zu bestimmten Jahreszeiten in herrlichen Farben aufzublühen. Im August bieten gelbe Schafgarben, Goldruten und Rudbeckien, in großen Gruppen dicht zusammengepflanzt, ein herrliches Bild, während ein anderer Bereich, der seinen Höhepunkt früher im Jahr hatte, viel ruhiger wirkt.

Links: In einem anderen Beet in Clare breitet sich unter einem Judasbaum ein rosa-, rot- und orangefarbener Blütenteppich aus. Hier, wo geschwungene Beete, von Waldland umgeben, auf die glatte Rasenfläche übergreifen, sind die Farbmuster in einem zwangloseren Stil gehalten.

Unten: In Filoli bei San Francisco (heute im Besitz des American National Trust) ist der Garten in einem sehr strengen Stil angelegt; immergrüne Gehölze und Mauerwerk bilden den Rahmen für Beete mit frühblühenden Zwiebelgewächsen und nicht winterharten Beetpflanzen, die um der genauen Farbwirkungen willen angepflanzt worden sind. In dem ummauerten Garten heben Tulpen der Sorte 'Palestrina' ihre Blütenköpfe aus einem Beet mit weißen Chrysanthemen *(Chrysanthemum palydosum)*. Statt Pflanzengruppen einer Sorte in getrennten Farbblöcken nebeneinander zu setzen, werden die Farbpunkte der einzelnen Blüten hier zu einem kleinteiligen, ruhigen Muster verwoben. Das von majestätischen immergrünen Eichen *(Quercus agrifolia)* umrahmte Haus wurde zwischen 1915 und 1919 erbaut, die Gärten entstanden in den folgenden Jahren.

Rechts: In diesem Garten in Leaming's Run, New Jersey, ist der winterharte Sumpfeibisch *(Hibiscus moscheutos)* umgeben von einjährigen Pflanzen wie weißblühenden Spinnenblumen *(Cleome)*, Wolfsmilch *(Euphorbia marginata)* mit reizvollen Brakteen sowie von gelben Zinnien. Im Hintergrund blüht eine weiße Trichterwinde.

Rechts: Im Prioratsgarten in Kemerton hat Peter Healing eine atemberaubende Sommerkomposition geschaffen, für die er scharlach- und karmesinrote Blumen vor einem Hintergrund aus purpur- und bronzefarbenem Laub und grünen Eibenhecken verwendet hat. Nach Gertrude Jekylls Farbtheorie für den Garten wählte er die Komplementärfarben Rot und Grün – zwei im Farbkreis diametral gegenüberliegende Farben –, die sich gegenseitig zu höchster Leuchtkraft steigern. Scharlachrote Dahlien, roter Bartfaden und die karmesinroten Stiele des roten Mangolds (*Beta vulgaris* 'Ruby chard') präsentieren sich in den letzten Sommertagen am schönsten.

Oben: In Christopher Lloyds Garten in Great Dixter trennen dunkelviolette Salbeiblüten und speerförmige Irisblätter eine Gruppe aus rosafarbenen Alstroemerien, bronzefarbenem Sonnenhut und scharlachroter *Lychnis chalcedonica.* Die kräftigen Farben sind im Hintergrund von einer Gruppe hoher Artischocken mit dekorativen silbernen Blättern eingefaßt. Silbernes und graues Laub läßt benachbarte Pflanzen noch stärker leuchten – ein in vielen englischen Gärten verwendeter Kunstgriff, der ein ›verwaschenes‹ Farbbild verhindern soll.

Oben rechts: In dieser Blumenrabatte in Constantine im südlichen Cornwall sieht man einen Flecken aus einjährigem, orangefarbenem Kalifornischem Mohn *(Eschscholtzia californica)* vor dem blauvioletten mehrjährigen Storchschnabel *Geranium × magnificum.* Hier wurden zwei fast komplementäre Farben absichtlich nebeneinandergesetzt, um einen starken Kontrast zu erzielen. Beide Farben besitzen eine warme Ausstrahlung, denn auch das Dunkelviolett, das sich von kühlem Azurblau deutlich unterscheidet, gibt dem Betrachter ein Gefühl von Sonnenlicht und Wärme.

Giverny

Links: Von der Eingangstür des rosafarbenen Landhauses in Giverny blickt man auf die Eisenbogen, über die Monet Kletterrosen gezogen hat. Hohe, leuchtendgelbe Sonnenblumen *(Helianthus)* wachsen hinter mauvefarbenen Herbstastern, und einjährige orangefarbene Kapuzinerkresse kriecht über den Weg. Im Sommer, wenn die Kletterrosen der Bogen in Blüte standen, hat Monet diese Ansicht des Hauptwegs oftmals gemalt. Bei der Restaurierung des Gartens sind die alten Pflanzpläne des Malers genau befolgt worden.

Rechts oben: Iris in blassen Farbtönen, Goldlack, Stiefmütterchen, gelbe und rote Tulpen, unterpflanzt mit einem Band aus Vergißmeinnicht, blühen im Frühling in Giverny. In seinem Garten hat Monet die Blumen zu dichten Farbbändern und -flecken gruppiert und dieses teppichartige Farbenspiel immer wieder zum Thema seiner Bilder gemacht.

Rechts unten: Von der Eingangstür des Hauses aus blickt man auf ganze Wogen von Stiefmütterchen vor höherem Goldlack und hoch aufragenden Iris. Monet verwendete Stauden und Sommerblumen in Fülle; die Pflanzen durften sich in seinem Garten üppig und ungezwungen ausbreiten, ohne von dem geometrischen Raster der Wege eingeschränkt zu werden.

Obwohl Monets Landhausgarten in Giverny auf den ersten Blick aus einem frei gestalteten Blumenmeer zu bestehen scheint, ist er in seiner strengen Grundstruktur jedoch typisch französisch. Er wurde nach einem geometrischen Raster mit schnurgeraden Wegen angelegt, die parallel oder in rechten Winkeln zu den Hauswänden und den am Grundstück entlangführenden Straßen verlaufen. In diesem Teil des Gartens war für Monet nicht die Gestaltung das Wichtigste, sondern die Blumen selbst. Er wollte ihre feinen Farbspiele im wechselnden Licht eines Tages oder eines Jahrs, in der Sonne und im Schatten, auf seinen Bildern festhalten und war weniger an der landschaftlichen Darstellung einer ganzen Gartenszene interessiert.

In den Beeten in der Nähe des Hauses kamen nach den Frühlingsnarzissen die Tulpen; Wisterien und Clematis kletterten über Gitterwände aus Metall, und Fliederbüsche blühten über Iris und Pfingstrosen. Im Obstgarten setzten unter Japanischen Kirschen und Apfelbäumen dichte Tuffs Orientalischen Mohns und Rosen bunte Akzente im Gras. Glockenblumen, Rittersporn und Akelei blühten im Juni in reicher Fülle; später folgten ihnen Dahlien, Malven und Herbstastern. Überall waren zwischen die Stauden Sommerblumen gesetzt, damit es dem Maler niemals an den für seine Bilder so wichtigen Blütenfarben im Garten fehlen sollte.

Außerhalb des Landhausgartens, heute durch eine Unterführung mit ihm verbunden, ließ Monet mit aus der Epte umgeleitetem Wasser Teiche anlegen. Weiden am Rande der Teiche sowie weiße und mauvefarbene Wisterien, die das Geländer der berühmt gewordenen japanischen Brücke umrankten, filterten das Sonnenlicht. Hier saß er und malte seine Seerosenbilder im wechselnden Licht von der Morgen- bis zur Abenddämmerung, wobei er jede feinste Nuance wahrnahm und auf seinen Gemälden festhielt.

Heute sind Monets Haus und der aufwendig restaurierte Garten ein sehenswertes Museum.

Hestercombe

Die Gärten von Hestercombe, Somerset, wurden vor dem Ersten Weltkrieg von Edwin Lutyens und Gertrude Jekyll entworfen und bepflanzt. Lutyens hat die Hanglage des Grundstücks ausgenutzt, auf den verschiedenen Ebenen Terrassen angelegt und durch weite Steinstufen miteinander verbunden. Ein Areal in der Mitte wurde eingetieft und mit einer Pergola eingefaßt, die sich über die ganze Breite des Gartens erstreckt und ihm einen abgeschlossenen, privaten Charakter verleiht. Der brillante architektonische Entwurf, der mit den charakteristischen Steinen der Gegend ausgeführt wurde, bildete einen perfekten Hintergrund für Gertrude Jekylls Pflanzpläne. Hier konnte sie ihre Ideen von getrennten und mitunter jahreszeitlich gebundenen Farbthemen verwirklichen. Eine Auswahl interessanter Blattpflanzen umspielt die harten Linien des Mauerwerks.

Glücklicherweise sind die meisten Pläne Gertrude Jekylls erhalten geblieben und waren eine wertvolle Hilfe bei der kürzlich erfolgten Restaurierung. Ein Pflanzschema war für eine erhöhte Rabatte vorgesehen, in der grau- und silberblättrige Pflanzen über die Mauerränder quollen und die in die Taschen und Ritzen der Trockenmauer gesetzten Pflanzen kaskadenartig herabfielen und eine Art Vorhang bildeten als Hintergrund für eine niedrigere Rabatte mit einem ähnlichen Farbschema. Am East Rill hat sie ein Beet entworfen, in dem blaßblaue und gelbe Blüten allmählich von warmen Farbtönen wie Orange und Scharlachrot abgelöst wurden. Diese Bepflanzung ähnelt ihrer eigenen Rabatte in Munstead Wood. Nach Westen pflanzte sie Lilien, Rosen, Glockenblumen und Fingerhut, eingefaßt von Steinbrecharten und Nelken mit blaugrünem Laub.

Oben rechts: Für den Pflanzbereich an der Pergola konnte kein Plan gefunden werden, aber Gertrude Jekylls Empfehlungen für Kletterpflanzen an Pergolen sind an anderer Stelle genau aufgezeichnet und konnten hier übernommen werden. Bei der neuen Bepflanzung hat man ihren Stil berücksichtigt und dort, wo es möglich war, Varietäten und Züchtungen verwendet, die sie vermutlich gekannt hat. Die auf einer langgestreckten Terrasse im Stein der Gegend errichtete Pergola besteht aus einer doppelten Reihe abwechselnd quadratischer und runder Pfeiler. Den oberen Abschluß bildet ein Holzgitter.

Oben Mitte: Im Rosengarten, wo silberblättriger *Stachys byzantina* 'Silver Carpet', die nichtblühende Form des Wollziests, über das Pflaster kriecht, verleihen Lavendelbüsche und Funkien mit ihren ausdrucksvollen Texturen den Beeten zusätzlichen Reiz.

Oben links: Von der Terrasse direkt unterhalb des Hauses aus gesehen wird deutlich, wie sehr das kunstvolle Mauerwerk der Grundstruktur in The Plat den gesamten Entwurf von Edwin Lutyens bestimmt. Die Pergola konzentriert den Blick auf das Innere, gibt aber auch weite Ausblicke nach Osten und Westen frei. Gertrude Jekyll hat die dreieckigen Beete mit Bergenien eingefaßt, und Pfingstrosen, weiße Lilien, rosa Chinarosen (bei der Restaurierung wurde die Sorte 'Natalie Nypels' angepflanzt) sowie Rittersporn gehören zu den dominierenden Pflanzen. Rabatten unterhalb der Terrassen nehmen den Bepflanzungsstil der höher gelegenen Beete wieder auf. Im Vordergrund quellen Pflanzen mit silbergrauem Laub über die Beetränder der hohen Mauer und stellen eine Verbindung zum Farbschema der darunterliegenden Rabatte her.

Tintinhull

Oben: Goldene und rosafarbene Alstroemerien (Hybriden von *Alstroemeria aurantiaca* und *A. ligtu*) werden von dem grasartigen Laub und den blaßgelben Blüten der Taglilie (*Hemerocallis* 'Citrina') getrennt. Diese und andere starkwüchsige Pflanzen neigen sich über den Kiesweg hinter einer Eibenhecke. Die Alstroemerien lassen sich schwer ziehen, aber wenn sie sich erst einmal gut etabliert haben, breiten sie sich fast allzu lebhaft aus. In diesem Garten ist die Farbe das dominierende Element.

Tintinhull House in Somerset wurde 1933 von Phyllis Reiss und ihrem Mann erworben. Heute gehört das Anwesen dem National Trust. Mrs Reiss hatte zuvor in Gloucestershire, in der Nähe von Hidcote, gelebt und diesen Garten von Lawrence Johnston sehr bewundert (siehe Seite 15 ff.). Der Park ihres eigenen Anwesens war aufgrund seiner Lage für eine ähnliche Gestaltung wie Hidcote geeignet, und so wurden Eibenhecken als Trennelemente gepflanzt und die verschiedenen Ebenen und Gartenräume mit Steinstufen und Wegen untereinander verbunden.

In den einzelnen Kompartimenten entstanden von Phyllis Reiss selbst entworfene Blumenbeete und Rabatten mit genau festgelegten Farbmustern. Obwohl die dichte Bepflanzung prinzipiell an Hidcote erinnerte, wich die farbliche Gestaltung vom Vorbild ab. Statt der berühmten roten Rabatte breitete sich ein Farbschema in Rot, Gelb und Blau aus, in dem 'Frensham'-Rosen, gelbe Königskerzen und dunkelblauer Rittersporn gruppiert waren. Diese Rabatte ist heute mit roten, gelben und cremefarbenen Blumen bepflanzt. Gegenüber dieser ›warmen‹ Rabatte lag eine weitere in blassen Pastelltönen. Um sie zu beleben, plazierte Phyllis Reiss in gleichmäßigem Abstand dekorative graublättrige Pflanzen davor – ein Schema, an dem heute immer noch festgehalten wird. Wesentliches Gestaltungsmerkmal war (und ist) die raumübergreifende Pflanzung

Rechts: Der Eagle Court, der dem Haus am nächsten liegende Gartenbereich, ist von hohen Mauern umgeben. Hier dominieren vom Frühling bis zum September blau- und gelbblühende Pflanzen, die dann von rosafarbenen Japanischen Anemonen und anschließend von Nerinen abgelöst werden. Im Juli und im August (siehe Bild) blühen unter dem Ziertabak *Nicotiana* 'Lime Green' und *Nicotiana langsdorfii* mit seinen blaßgelben Trompetenblüten die fast kriechende blaue Katzenminze und Bartfaden *(Penstemon)*. Winterharter *Agapanthus* und Königslilien sind gerade verblüht, und die *Artemisia* 'Powis Castle' ist zu einem silbernen ›Hügel‹ herangewachsen.

gleicher Gewächse, insbesondere solcher mit grauem oder besonders dekorativem Laub, da auf diese Weise die einzelnen Bereiche der gegliederten Anlage nicht nur funktional – durch Wege –, sondern zusätzlich botanisch zu einer Einheit zusammengeschlossen werden. *Senecio* 'Sunshine', holzige Artemisien (heute wächst hier die seit den 70er Jahren erhältliche *Artemisia* 'Powis Castle') und der purpurblättrige Perückenstrauch *(Cotinus)* gehörten zu Phyllis Reiss' Lieblingspflanzen. Ihre berühmteste Rabatte enthielt vorwiegend Sträucher mit purpur- und goldfarbenem Laub. Berberitzen *(Berberis)* mit purpurnen und bronzefarbenen Blättern wuchsen neben Hartriegeln (*Cornus alba* 'Spaethii'); die karmesinrote Rose 'Rosmarin', leuchtendblauer Ehrenpreis und roter Weiderich blühten nebeneinander in einer Saison. Heute tönen Berberitzen mit graugrünen Blättern, Holunder und Schneeball mit bronzefarbenem Laub die starken Kontraste in diesem Beet ab. Im Fontänen-Garten blühen weiße und farbige Blumen zusammen mit silbrigen Blattpflanzen vor einem dunkelgrünen Hintergrund aus Eiben; in einem kleinen Gartenbereich dahinter bilden Funkien mit blaugrünen Blättern, blaublühender Enzian und Günsel einen Teppich unter den ausladenden Ästen eines Hartriegel-Paars *(Cornus controversa* 'Variegata').

Tintinhull ist zwar in Wirklichkeit nach einem äußerst strengen Farbmuster gestaltet, aber die zwanglose Bepflanzung läßt das nahezu vergessen und sorgt für eine lebendige Atmosphäre. Viele zweijährige Pflanzen dürfen sich in den Beeten selbst aussäen. So entstehen beinahe zufällige Gruppierungen von Mondviolen, Fingerhut, Engelwurz *(Angelica)*, Nachtkerzen und Vergißmeinnicht, die verhindern, daß die Anlage allzu geordnet wirkt.

Oben: Ein Blick auf die Westrabatte in Tintinhull zeigt gelbblühende Königskerzen, Samenköpfe des Meerkohls *(Crambe cordifolia)*, der im Juni verblüht ist, scharlachrote Rosen 'Frensham' und blaßgelbe Taglilien. Die zweijährige Distel mit ihren metallisch blaugrauen Blättern und Blüten *(Eryngium giganteum)*, in England auch bekannt unter dem Namen ›Miss Willmott's ghost‹, durfte sich in dem Beet selbst aussäen; sie läßt das Pflanzschema wie natürlich gewachsen erscheinen.

Links: Dieses Bild zeigt ein Detail der in Rot- und Gelbtöne gehaltenen Rabatten im Teichgarten von Tintinhull. Die Bepflanzung des Gartens ist überall gemischt; Sträucher, Buschrosen, hohe Stauden, zwei- und einjährige Pflanzen blühen zusammen. Goldgelbe Schafgarbe, scharlachrote Rosen 'Frensham' und karmesinroter Ziertabak bilden reizvolle Kontraste. Am Anfang der Saison blühen an dieser Stelle purpurfarbene Tulpen und scharlachroter Orientalischer Mohn.

Gärten im Garten

Innengärten · Gartenräume · Frei gestaltete Bereiche im Garten

Villa La Foce · Ein Schloß in der Normandie

Chilcombe · Ein Garten im Londoner Westen

Falls ein Garten groß genug ist, kann er in kleine Bereiche unterteilt werden, die alle ihre eigene charakteristische Bepflanzung entwickeln. Diese ›Räume‹, die innerhalb des Gartenplans mit Hilfe architektonischer und botanischer Mittel aufeinander bezogen sein sollten, führen beim Begehen der Anlage immer wieder andere Szenarien vor. Aber auch wenn der zur Verfügung stehende Platz beschränkt ist, reicht er oftmals für ein besonderes Pflanzthema aus, das sich von dem sonst beherrschenden Stil des Gartens unterscheidet. In einem völlig frei gestalteten Waldgarten, der wenig Arbeit macht, könnte etwa ein abgetrennter sonniger Bereich enthalten sein, der für regelmäßig angeordnete Beete mit Küchenkräutern oder einen formal strengen Blumengarten reserviert ist. Das ist sicher ein besonders extremes Beispiel für kontrastierende Themen, aber es demonstriert, wie schwierig es sein kann, Gärten zu klassifizieren. Manchmal bestehen die Themen aus bestimmten Pflanzentypen wie Stauden, alpinen Gewächsen oder Rosen.

Seite 191 und Seite 192: In Tintinhull wird die Westfront aus dem 18. Jahrhundert von einem ummauerten Bezirk gerahmt, der in seinen Maßen auf die Fassade abgestimmt ist. Ein axial verlaufender gepflasterter Weg unterteilt den Garten in verschiedene Bereiche, denen allen ein besonderes Pflanz- oder Farbthema zugedacht ist. Königslilien in dekorativen Töpfen rahmen die Eingangstür des Hauses ein, auf die der Steinweg zuläuft.

Oben: In Dower House, Boughton House, hat Valerie Finnis (Lady Scott) aus Eisenbahnschwellen vor den Mauern des alten Küchengartens erhöhte Beete angelegt. Das nach Süden ausgerichtete Beet, das einen alkalischen Boden und eine gute Drainage besitzt, bietet alle notwendigen Voraussetzungen für alpine und mediterrane Pflanzen mit silbernen und aromatischen Blättern. Im Schatten an der Nordmauer hilft Kompost bei der erfolgreichen Kultivierung von Pflanzen, die einen sauren Boden lieben.

Steht dagegen die Farbe im Vordergrund, entstehen weiße, blaue oder graue Gärten, und Rabatten im Stil von Gertrude Jekyll sind auf harmonische Kompositionen aus kräftigen warmen Rot- und Orangetönen konzentriert, auf blasse Pastellfarben, die durch silbernes Laub verstärkt werden, oder auf goldfarbene Laubbereiche, in denen cremefarbene und blaßgelbe Blüten und Blätter den Eindruck von Sonnenlicht schaffen. Einzelne Gartenbereiche, die nur zu bestimmten Jahreszeiten ihre Blütenpracht enfalten, sind ein weiteres Beispiel für die vielen Möglichkeiten.

Viele der in diesem Buch vorgestellten gestalterischen Ideen können als ›Gärten im Garten‹ verwirklicht werden und sind weniger zur konsequenten Durchgestaltung einer gesamten Anlage gedacht. Die schönsten Gärten sind im allgemeinen solche, in denen sich die unterschiedlichen Motive der Bepflanzung nicht nur nacheinander, sondern in einer scheinbar logischen Abfolge erschließen.

In viktorianischer Zeit waren Gärten modern, die möglichst viele Zitate aus der Geschichte der Gartenkunst in sich vereinten. Eine Anlage wie Biddulph Grange bei Stoke-on-Trent aus den 40er und 50er Jahren des vorigen Jahrhunderts zeigte unter anderem ein Broderieparterre, einen ägyptischen Hof mit Sphinxen aus Stein und aus Eiben, einen Garten für amerikanische Pflanzen, einen Rosengarten, ein Staudenbeet, einen Dahlienweg, einen völlig verborgenen Chinesischen Garten mit Trauerbäumen und Pagoden und schließlich ein separates Arboretum nebst Pinetum.

In vielen historischen Anlagen zählt ein Rosengarten zum Standardrepertoire. Zumeist handelte es sich dabei um ein eingefriedetes Gelände, dessen streng geometrische Gliederung keinen Bezug zum Gesamtstil des Gartens haben mußte. Aber es wurden (und werden) nicht nur Rosen auf diese Weise isoliert. In Polesden Lacy gibt es zusätzlich zum traditionellen Rosengarten im Stil der Jahrhundertwende noch hinter hohen Hecken verborgene Iris- und Pfingstrosengärten. Außerdem existiert dort ein großer Felsengarten, in dem speziell angefertigtes Schichtgestein die natürlichen Bedingungen alpiner Pflanzen vortäuscht. In den Anlagen der Villa Noailles außerhalb von Grasse sind in einem verborgenen, von Eibenhecken umgebenen Gartenteil zahlreiche Baumpäonien angesiedelt (siehe Seite 54f.). Manchmal werden auch geometrische Elemente bewußt in die äußeren Gartenbezirke eingefügt. So ist in Cliveden, Buckinghamshire, der Rosengarten in einem dunklen Waldgebiet versteckt. Im Waldgarten in Glendurgan, Cornwall, steht man plötzlich vor einem nach strengen Mustern angelegten Irrgarten aus beschnittenem Kirschlorbeer. Ebenso wie der formal strenge Italienische Garten mitten in den ›wilderen‹ Bereichen von Longwood, Pennsylvania, sind solche Überraschungsmomente die Höhepunkte einer phantasievollen Planung.

Manchmal bleiben diese unerwarteten Ansichten so lange wie möglich hinter Barrieren aus Hecken, Mauern, Pergolen oder miteinander verflochtenen Bäumen verborgen, aber auch ein Strauch, ein Fleckchen Boden, das von einem Baum beschattet wird, oder vielleicht nur ein Rasenstück können als Abgrenzung dienen. Ein neues Pflanzthema wird oftmals durch eine flache Hecke angezeigt: Immergrünen niedrigen Buchsbaum *(Buxus sempervirens* 'Suffruticosa'), Heiligenkraut,

Der Garten in Hazelby House, Berkshire, entstand kurz nach dem Zweiten Weltkrieg. Ein streng geometrisches Raster aus Backsteinmauern, Buchen-, Weißbuchen-, Eiben- und *Thuja*-Hecken hat unterschiedliche Bereiche geschaffen. Diese getrennten Gärten sind durch Wege aus Backstein, Stein, Kies und Rasen miteinander verbunden. Viele Kompartimente sind von hohen Raumteilern umgeben, und niedrige Hecken innerhalb dieser Bereiche betonen die Pflanzthemen noch zusätzlich. Beete mit gemischter Bepflanzung werden von Rasen- und Pflasterwegen gesäumt, während hohe Säulen, mit Kletterpflanzen bewachsen, zusätzliche architektonische Akzente setzen. Ein Aussichtshäuschen aus Gitterwerk, mitten in die hohe Hecke gesetzt, umrahmt den Eingang zu einem anderen Gartenbereich, in dem sich eine Statue klar von einer dunklen Eibenwand abhebt und ein stiller Teich das Licht reflektiert.

Oben: Der berühmte Weiße Garten ist einer der vielen umschlossenen Gartenräume in Sissinghurst Castle, die Vita Sackville-West und ihr Mann Harold Nicolson angelegt haben. Eibenhecken bilden einen wunderbaren dunklen Hintergrund für silbernes und graues Laubwerk und Pflanzen mit weißen oder cremefarbenen Blüten. Stein- und Ziegelwege unterteilen diesen Gartenbereich in einzelne Beete. Klares Weiß wirkt mitunter grell und blendet die Augen. Hier mischen sich zart getönte Blüten mit den Blättern im Hintergrund und verleihen diesem Gartenraum Kühle und Ruhe.

Rechts: Der von einer Mauer umschlossene Rosengarten in Polesden Lacy zeigt kunstvolle rustikale Pergolen und Beete, die mit Lavendel eingefaßt sind – ein typisches Schema für den Anfang dieses Jahrhunderts, als dieser abgetrennte Gartenteil erstmals angelegt wurde. Einige der alten Rosenzüchtungen wie 'American Pillar' und 'Dorothy Perkins' wachsen hier immer noch. In weiteren Unterteilungen blühen Pfingstrosen, Iris und verschiedene Lavendelarten.

Lavendel oder kniehohe Stauden kann man dazu verwenden, ein Muster auf den Boden zu zeichnen und so den Rahmen für eine Innenbepflanzung zu schaffen. Mit jeder geschnittenen Beeteinfassung läßt sich der Eindruck einer Unterteilung vermitteln – vorausgesetzt die Proportionen zwischen der Einfassung und der Innenbepflanzung stimmen –, und unter den vielen möglichen Pflanzen findet sich sicher für jede Gartensituation die geeignete.

In einem kleinen Stadtgarten bilden Steinbrech *(Saxifraga × urbium)* oder die weiß- bzw. rosablühenden Formen des moosartigen Steinbrechs *(S. moschata)* reizvolle Farbbänder in sonnigen Lagen; dichte Tuffs der kleinen Katzenminze *(Nepeta nervosa),* eine Art, die den ganzen Sommer über blaßblaue Blüten hervorbringt, gedeihen dort gleichfalls gut, aber die Pflanze breitet sich weniger rücksichtslos aus als ihre höheren Verwandten. Für einen größeren Garten sind die Katzenminzen *Nepeta × faassenii* und die größere *N.* 'Six Hills Giant' genauso wirkungsvoll wie buschiger Lavendel und bieten nach einem strengen Winter immer noch einen schönen Anblick. Wenn man die Katzenminzen nach der Blüte ganz zurückschneidet, bilden sie nicht nur neue Hügel aus blaugrauem Laub, die den ganzen Sommer über hübsch aussehen, sondern bringen sogar am Ende der Saison noch einmal neue, sich zu Boden neigende Blütenähren hervor. Christopher Lloyd verwendet eine mauvefarbene Herbstaster von kräftigem, buschigem Wuchs für eine niedrige Hecke. In schattigeren Lagen bevorzugt er das immergrüne Walddickblatt *Chiastophyllum oppositifolium* mit seinen nickenden gelben Blüten auf langen Stielen.

Wie immer man solche ›Gärten im Garten‹ auch anlegt, eines haben sie in jedem Fall gemeinsam: sie lassen einen Garten größer erscheinen, als er tatsächlich ist. Damit aber die einzelnen Themen nicht isoliert nebeneinanderstehen, sollten sie optisch durch Blickachsen oder Pflanzenfarben miteinander verbunden werden.

In einem sehr kleinen Garten lassen sich thematisch unterschiedliche Pflanzbereiche nicht immer architektonisch voneinander trennen. Statt dessen kann man wechselnde ›Stimmungen‹ schaffen, indem man schattige oder sonnige Bereiche hervorhebt, verschiedene Farbkompositionen aus Blättern oder Blüten oder Unterschiede der Bepflanzung herausarbeitet. Sogar in dem kleinsten Stadtgarten beherrschen oft Sonne und Schatten zwei verschiedene Gartenteile. Selbst wenn der ganze Garten in der Sonne liegt (was sogar bei einem nach Süden gelegenen Areal unwahrscheinlich ist, da es meist von angrenzenden Mauern beschattet wird), werfen ein paar schnell wachsende Pflanzen, wenn man sie geschickt einsetzt, auf ihrer Nordseite Schatten. Auch ein Baum, ein Strauch oder sogar eine Gruppe Sommerstauden entsprechender Größe können für diese Rolle ausgewählt werden. In der Sonne unterscheiden sich grau- und silberblättrige Pflanzen extrem von solchen, die in schattigen Bereichen gedeihen, wie Farne und Funkien, Fatsien mit glänzendem Laub, Kamelien, *Garrya elliptica* oder Efeu, und markieren so eine Trennung.

Architektonisch getrennte Gartenräume sind ein wesentliches Element der italienischen Renaissancegärten. Englische Gärten waren Ende des 17. und Anfang des 18. Jahrhunderts gewöhnlich aus einzelnen in sich geschlossenen, aber dennoch miteinander verbundenen Bereichen aufgebaut. Schon 1618 hatte William Lawson in seinem Buch »A New Orchard and Garden« Muster für die Gärten kleinerer Gutshäuser und größerer Gehöfte entworfen. Danach war ein rechteckiges Gelände, so breit wie die Hausfassade, aber dreimal so lang, in sechs gleiche Teile gegliedert. Dekorativ in Form geschnittene Gehölze, am Spalier gezogene Obstbäume, ein Knotengarten und verschiedene Abteilungen für Gemüse waren durch Hecken oder Zäune voneinander geschieden. Was die Form, wenn auch nicht die Größe anbetrifft, kann dieser Plan ohne weiteres auch für einen kleineren Stadtgarten von heute übernommen werden. Beeinflußt vom Aufbau italienischer Renaissancegärten, schufen englische Gartenarchitekten zu Beginn dieses Jahrhunderts ganze ›Zimmerfluchten‹ von Gartenkompartimenten, die zahlreiche Möglichkeiten für unterschiedliche Pflanzthemen boten. Jedem einzelnen Bereich wurde ein anderer Aspekt botanischer Sammelleidenschaft zugeordnet. Die oftmals strenge inhaltliche Unterteilung der geometrisch angelegten Räume ohne Dach mit ihrem Raster aus horizontalen und vertikalen Linien wurde durch einen ›wilden‹, naturnah scheinenden Pflanzstil gemildert. Die Anlagen, die Edwin Lutyens und Gertrude Jekyll gemeinsam gestalteten, sind dafür beispielhaft.

Gartenräume

Klassische römische und italienische Gärten der Renaissance waren in einzelne Räume aufgeteilt, in denen verschiedene Themen herausgearbeitet waren. Gegen Ende des 15. Jahrhunderts gehörten in solchen Anlagen Buchs-Parterres, verborgene Gärten, Wasserbassins oder Grotten und Heckentheater zum Repertoire, dazu ein mehr oder weniger ausgefeiltes Figurenprogramm, je nach Budget des Auftraggebers. Nur noch wenige dieser Gärten sind in ihrem ursprünglichen Zustand erhalten. Der Park der Villa La Pietra wurde Anfang dieses Jahrhunderts nach Gartenplänen des späten 15. Jahrhunderts restauriert, so daß die architektonisch gegliederte Anlage mit ihren Räumen aus geschnittenen Eiben-, Zypressen-, Buchsbaum- und Stechpalmhecken, in denen die vergänglichen und kurzlebigen Blüten nur eine untergeordnete Rolle spielen, einen guten Eindruck damaliger Gartengestaltung vermittelt (siehe Seite 76).

Von den in ähnlichem Stil angelegten Gärten der Tudor- und der Stuartzeit wurden die meisten während der englischen Bürgerkriege zerstört, und was diese unversehrt ließen, fiel zum größten Teil der Landschaftsgarten-Bewegung des 18. Jahrhunderts zum Opfer. Die großen viktorianischen Parterres und die sogenannten Italienischen Anlagen aus der Mitte des 19. Jahrhunderts hatten wenig gemein mit den wesentlich kleiner bemessenen Gartenräumen italienischer Villen. Die kleineren Gärten, die Ende des Jahrhunderts entstanden, waren besser geeignet, das Gefühl von Intimität und Abgeschiedenheit zu verbreiten. Berühmte Gartengestalter griffen die Möglichkeit auf, innerhalb eines ganz strengen architektonischen Rahmens verschiedene Themen zu entwerfen und anzupflanzen. Ein streng angelegtes Parterre oder ein spiegelnder Teich in einem Gartenteil konnte neben winterharten Rabatten im Stile Robinsons oder neben Gertrude Jekylls Farbkompositionen in anderen separaten Räumen stehen, ohne das Gefühl von Einheit zu gefährden, das so wichtig ist, wenn der Garten eine architektonische Erweiterung des Hauses darstellen und ihm als Rahmen dienen soll.

Oben: In Hidcote, von Lawrence Johnston in den Jahren vor dem Ersten Weltkrieg angelegt, rahmt eine Reihe von Hecken geometrische Abteilungen ein. Während die Raumgliederung italienischen Ursprungs zu sein scheint, erinnern die langen, von beschnittenen Weißbuchen gesäumten Korridore eher an den Stil französischer Gärten des 17. Jahrhunderts, in denen Durchblicke wie Schneisen in den Wald geschlagen wurden.

Links: In Knightshayes Court, Devon, ist der Teichgarten von hohen geschnittenen Eibenhecken umgeben, die an die Zinnen einer Burg erinnern sollen. Die Bepflanzung des Innenraums ist äußerst sparsam. Im runden Teich spiegelt sich eine silberblättrige Trauerbirne (*Pyrus salicifolia* 'Pendula'). Die langen Schatten der Abendsonne zeichnen Muster auf das Gras. Entscheidend ist hier die Atmosphäre von Privatheit und Abgeschiedenheit; Heckenbogen führen in neue Gartenräume, schaffen aber keine Ausblicke in die Landschaft von Devon, die sich unterhalb der ausgedehnten hängenden Terrassen des viktorianischen Hauses ausbreitet.

Oben: Im Park von Lord de Ramsey in Abbots Ripton sind verschiedene Gartenbereiche einfühlsam der Grundstückslage angepaßt worden. Außerdem wurde vor einer hohen, nach Süden gelegenen Backsteinmauer der Boden mit einer guten Drainage speziell auf die Bedürfnisse von Pflanzen mit grauem, silbernem und blaugrünem Laub abgestimmt. In East Anglia sind die Sommer meist trocken und heiß – ideale Bedingungen also für solche ›Silberpflanzen‹. Eine Kiesschicht verhindert, daß sich Wasser, das im Winter gefrieren würde, rings um die Stielansätze der Pflanzen sammelt. Eine Rosenpergola rahmt den Blick auf die langgestreckte Rabatte ein, die sich, vom restlichen Garten geschieden, hinter einer hohen Hecke aus Zypressen *(Cupressus glabra)* verbirgt, die man so geschickt plaziert hat, daß das lange Beet nicht in ihrem Schatten liegt.

Rechts: In einem frei gestalteten Garten in Cornwall sind zwei verschiedene Bereiche mit gemischter Bepflanzung reizvoll gegenübergestellt worden. Im Vordergrund breitet sich sonnenhungrige silberblättrige Hundskamille *(Anthemis cupaniana)* über niedriges Mauerwerk, Stein- und Ziegelpflaster. Im Pflanzbereich dahinter wächst der Waldfingerhut im Schatten hoher Holunderbäume.

Frei gestaltete Bereiche im Garten

Innenbereiche können ganz zwanglos voneinander getrennt werden. Dabei bestimmt die Gesamtgröße des Gartens, welcher Bepflanzungsstil gewählt oder welcher Kunstgriff angewendet werden sollte. Eine Reihe Rosen, eventuell unterpflanzt, um die nackten Zweige am Boden zu verdecken, eine gemischte Strauch- oder Staudenrabatte oder eine niedrige, lockere Randbepflanzung aus Katzenminze, Steinbrech *(Saxifraga × urbium)* oder Nelken *(Dianthus)*, auch bodendeckende Pflanzen, die dichte Teppiche bilden, sind geeignet, auf einfache, zwanglose Weise verschiedene Pflanzbereiche zu trennen. Ein Grasweg oder ein größeres Rasenstück können ebenfalls unterschiedliche Themenbereiche deutlich scheiden. Optisch reizvolle ›Barrieren‹ sind auch Pergolen (siehe Seite 200f.), Baumreihen oder in Form geschnittene Gehölze, die man in regelmäßigem Abstand wie eine Allee anordnet, oder aber miteinander verflochtene Bäume, die zwischen ihren nackten Stämmen den Blick auf weitere Gartenbereiche freigeben. Darüber hinaus lassen sich mit etwas Geschick unterschiedliche Farbmuster so einsetzen, daß besondere Stimmungen entstehen, die die jeweiligen Gartenbereiche auszeichnen.

Der Übergang zwischen thematisch verschiedenen Bereichen eines Gartens muß aber nicht durch architektonische Elemente gekennzeichnet sein. Oftmals wird ein Bezirk im Innern des Gartens eher durch den veränderten Charakter der Bepflanzung als durch einen strengen oder deutlich erkennbaren Stil angezeigt. In einer solchen ›geologischen‹ Gliederung sind offene sonnige Bereiche sonnenhungrigen Pflanzen vorbehalten; einige speziell hergerichtete Blumenbeete mit niedrigen Stützmauern und einer guten Drainage sorgen für eine Trennung zwischen dieser Art von Bepflanzung und einem Waldgarten oder einem schattigen Bereich, in dem Gewächse angesiedelt sind, die kühle und manchmal feuchte Plätze genießen. In den meisten Gärten gibt es genügend Spielraum für einen Themenwandel, bei dem die Pflanzmöglichkeiten ganz unterschiedlich sein können.

Oben und rechts: Im Prioratsgarten in Kemerton sind zwei Gartenbereiche auf zwanglose Weise durch eine mit Rosen und Wein bewachsene Holzpergola voneinander getrennt. In einem höher gelegenen Gartenteil lädt eine Bank zum Ausruhen ein. Hier sind Blüten in blassen Farben das Thema der gemischten Bepflanzung und bilden eine ruhige Oase in einem Garten mit vielen verschiedenen Themen.

In einem angrenzenden Bereich verdeckt eine Pergola teilweise den Blick auf die Rabatte (siehe Seite 133), die vorwiegend mit Pflanzen gestaltet wurde, die im Juni ihre Blütenpracht entfalten. Zur Linken markiert eine hohe Eselsdistel *(Onopordum arabicum)* das äußerste Ende der Hauptrabatte, die hinter der Eibenhecke liegt. Die Sommerrabatten sind in bestimmten Farbmustern gehalten, und die Bereiche werden durch gemähte Rasenflächen miteinander verbunden, die frei von einem Gartenteil in den anderen fließen.

Villa La Foce

Die Villa La Foce liegt in der Nähe von Siena auf den westlichen Hügelhängen der südlichen Toskana. In den 20er Jahren haben die Schriftstellerin Iris Origo und ihr Mann Antonio das damals verlassene Gutshaus erworben und sorgfältig restauriert. Nachdem sie einen Großteil des unwirtlichen Landes für die Landwirtschaft urbar gemacht hatten, legten sie vor dem Haus einen Garten im Renaissancestil an, der aus einer Reihe ummauerter und von Hecken eingefaßter Abteilungen besteht, die sich der Hanglage anpassen.

Aus den Fenstern der Villa blickt man über die Kastanienhänge des Monte Amiata und auf den quadratischen Turm von Radicofani, der in vergangener Zeit den Weg nach Rom und in den Süden beherrschte. Die Lage der Villa und Gärten in La Foce hätte Leon Battista Alberti sicherlich gefallen, der in »De re aedificatoria« schreibt (1452?): »Ein Grundstück sollte sich über eine Stadt oder eine Ebene erheben [...], umringt von vertrauten Bergen«, und im Vordergrund sollten »herrliche Gärten« angelegt sein.

Der Vater von Iris Origo war amerikanischer, ihre Mutter anglo-irischer Abstammung. Den größten Teil ihrer Kindheit verbrachte sie in der Villa Medici in Fiesole bei Florenz. Der Garten, den sie zusammen mit dem englischen Architekten Cecil Pinsent in La Foce angelegt hat, spiegelt diese Einflüsse wider. Er ist nach klassischem italienischem Muster in Räume aufgeteilt, mit breiten Buchshecken und Zitronenbäumen in dekorativen Töpfen. Die hier abgebildeten Gartenbereiche enthalten keine zusätzliche Bepflanzung, in anderen Abteilungen werden dagegen in englischer Manier die strengen geometrischen Linien durch Blüten und Laubwerk aufgelockert.

Links: Auf einer höher gelegenen Terrasse, wo Buchshecken in den letzten 60 Jahren in die Höhe und Breite gewachsen sind, bedeckt eine Wisterie das Dach eines abgeschiedenen Sitzplatzes, wohin man sich in den heißen Sommermonaten gern vor der Sonne zurückzieht. Eine einfache Steinbank hebt sich gegen einen Vorhang blauer Blüten ab. Über dem Sitzplatz entdeckt man eine von Wisterien überwucherte Pergola. Sie verläuft parallel zu einer streng angelegten Rosengarten-Terrasse, bevor sie, der Kontur des Hügels folgend, den 200 m entfernt gelegenen Waldgarten erreicht.

Rechts: Dieser Gartenraum, der sich auf derselben Ebene wie die Villa befindet, ist von Mauern und hohen Lorbeerhecken umgeben. Es war der erste Gartenteil, den Cecil Pinsent in den 30er Jahren entworfen hat, und man hat die schmucklos nüchterne Konzeption in italienischer Manier bis heute gewahrt. Außer dem Teich und der Fontäne in der Mitte sind die niedrigen Buchshecken mit Mustern im Stil des 15. Jahrhunderts die einzigen dekorativen Elemente. Von den Fenstern der Villa aus betrachtet, bildet die strenge Geometrie des Gartens einen eindrucksvollen Kontrast zu den sanften Hügelketten der Toskana im Hintergrund.

Ein Schloß in der Normandie

In Pontrancart bei Dieppe war ein Küchengarten, vom Schloßgraben und den angrenzenden Wiesen durch eine Mauer getrennt, ursprünglich nach einem strengen Rastersystem angelegt, in dem jede Gemüseabteilung von Eibenhecken eingefaßt war. Diese grünen Wände bilden heute einen ausgezeichneten Hintergrund für Blumenrabatten, die hauptsächlich mit Gruppen verschiedener Sommerblumen bepflanzt sind, die ihren Höhepunkt im August und September erreichen. Jeder Raum ist nach einem anderen, aber auf die Umgebung abgestimmten Farbschema bepflanzt. Einjährige Blumen wie Leberbalsam, Kosmeen, Malven *(Lavatera)*, Ringelblumen und Zinnien, die jeweils zu einer eigenen Farbreihe angeordnet sind, werden durch passende Staudengruppen zu noch stärkerer Wirkung gebracht.

Die farbliche Gestaltung und Pflanzplanung für das folgende Jahr beginnt schon am Ende der Saison. Die Sommerblumen werden vorgezogen und ausgepflanzt, um dann zu einem bestimmten Zeitpunkt blühen zu können. Die Stauden werden zurückgeschnitten, entspitzt oder so behandelt, daß auch sie zum gewünschten Zeitpunkt ihre Blüten entfalten. Um in dieser Weise erfolgreich gärtnern zu können, muß man großes technisches Geschick besitzen und außerdem genau wissen, wie sich die Pflanzen in bestimmten Jahreszeiten verhalten.

Ganz links: Eine Eibenhecke bildet den Hintergrund für die weiße Sommerrabatte im Garten des Château du Pontrancart. Damit die Rabatte sechs Wochen lang ununterbrochen blüht, besteht die Bepflanzung hauptsächlich aus Sommerblumen. Einjährige Pflanzen wie Spinnenblumen *(Cleome)* und Löwenmäulchen blühen über mehrere Wochen und werden dann von den Dahlien abgelöst, die, wenn man ihre verwelkten Blüten regelmäßig abschneidet, bis zum ersten Frost blühen. Silberblättriger Ziest und *Ageratum*, in die vorderste Reihe gepflanzt, vermitteln zur geschnittenen Rasenfläche.

Links: In einer der Gartenabteilungen bilden die Zinnien, die in Farbgruppen zwischen Rosa, Rot und Orange ineinanderfließen, ein eindrucksvolles breites Band. Einzeln oder in kleinen Gruppen sind Zinnien kaum bemerkenswert; in großen Mengen und wie hier vor einer dunklen Eibenwand bieten sie jedoch einen ungewöhnlich schönen Anblick.

Oben: Ein Blick über die sommerlich mit Blumen gefüllten Gartenräume am äußersten Rand des Schloßgrabens zeigt die streng strukturierte Anlage aus beschnittenen Eibenhecken und gibt einen ersten Eindruck von den charakteristischen Farbmustern. Diese Gärten sind besonders interessant, da sich kaum ein moderner Garten finden läßt, der auf eine Blütezeit von nur sechs Wochen ausgerichtet ist. Im Winter bietet die Eibenhecke, die die geometrische Anlage beherrscht, immer noch ein reizvolles Bild.

Chilcombe

John und Caryl Hubbards Garten liegt in Chilcombe, Dorset, auf einem Südhang, nur eineinhalb Kilometer von Chesil Beach und dem Meer entfernt. Auf geschützten Terrassen sind Innengärten angelegt, die durch kreuzförmig verlaufende Hecken und mannshohe Mauern unterteilt sind. Diese architektonischen Raumteiler bringen unterschiedliche Pflanzthemen und Stile zur Wirkung, die dem ganzen Garten eine geheimnisvolle Atmosphäre verleihen und für Überraschungen sorgen. Gleichzeitig beweist die häufige Wiederholung von Pflanzengruppen, daß gleiche Pflanzen unterschiedlich eingesetzt werden können, um so ganz verschiedene Themen herauszuarbeiten.

Der Hauptgarten unterhalb des Hauses ist ein ummauerter Bereich, der in Quadrate und Rechtecke eingeteilt ist. Am Spalier gezogene Obstbäume, Bogen aus Gitterwerk für Kletterrosen und Geißblatt, Strauchrosen, immergrüne Pflanzen mit glänzenden Blättern und Wege, von niedrigen Hecken eingefaßt, ergeben das geometrische Netzwerk. John Hubbard ist Künstler, und auch seine Frau spielt eine wichtige Rolle in der Kunstszene; dementsprechend ist jeder Gartenteil immer wieder als neue malerische Komposition aufgefaßt. Jeder Bereich ist ein Garten für sich, eine durchdachte horizontale Anlage aus Wegen und Blumenbeeten. Einmal dienen nur die Pflanzenstrukturen als gliedernde Elemente, ein anderes Mal übernehmen Gitterwände oder Dreifüße für Kletterpflanzen diese gestaltgebende Funktion. In anderen Gartenteilen dienen höhere Gehölze als unveränderlicher Hintergrund. Der Stil der Bepflanzung ist an keine festen Regeln gebunden; in vielen Gartenbereichen wachsen Kräuter und Gemüse zwischen Zierpflanzen, und Bauerngartenpflanzen dürfen sich frei aussäen und ausbreiten. Bei näherem Hinschauen entdeckt man zahlreiche auserlesene Pflanzensorten, die gut zwischen den anderen zu gedeihen scheinen. Daß sie sich genau dort wohlfühlen, wo die Hubbards sie hingesetzt haben, ist optischer Beweis für deren gärtnerische Fähigkeiten.

Links: Ein Blick über den Garten zeigt die weite Landschaft jenseits der kompakten Anlage. Das steil abfallende Gelände hinter dem Haus besteht aus verschiedenen Gartenebenen, die durch Treppen miteinander verbunden sind.

Rechts: Der umschlossene Kieselstein-Garten ist ganz nach innen gerichtet und betont dadurch den Gegensatz zu der weiten Landschaft hinter seinen Mauern.

Unten: In einem der rechteckigen eingefriedeten Gartenbezirke sind kreuzweise verlaufende Wege mit faustgroßen Kieselsteinen gepflastert. Frostempfindliche blau- und rotblühende Salvien, die den Winter in dem milden Klima überstehen, Islandmohn, Lilien, blühender Ziest *(Stachys byzantina)*, und Spalieräpfel verleihen der Anlage die Atmosphäre eines ländlichen Gartens.

Ein Garten im Londoner Westen

Links: Im Garten von Mr und Mrs Raworth hat man aus bogenförmig gezogenen Lebensbäumen *(Thuja plicata)* einen Durchgang geschaffen, der zu einem Gartenbereich führt, in dem von Buchs eingefaßte Beete in ein Kiesbett gesetzt sind. Der Bogen ist auf ein weißes Gartentor ausgerichtet, das diesen streng gestalteten Garten vom Gemeindegrund trennt, auf dem hohe alte Bäume eine ländliche Atmosphäre vermitteln.

Gegenüber, oben links: Blickt man durch den Bogen zurück zum Haus, dann sieht man vier symmetrisch angelegte Beete, die von niedrigen Buchshecken (*Buxus sempervirens* 'Suffruticosa') eingefaßt sind. In der Mitte der vier Beete steht jeweils ein kugelförmig geschnittener Buchsbaum. Lavendelbüsche und silbernes Laub verleihen diesem Gartenbereich eine mediterrane Atmosphäre.

Gegenüber, oben rechts: Das dunkle Laub, das die weiße Bank völlig einrahmt, bildet einen kräftigen Kontrast zu der farbenprächtigen Bepflanzung der Rabatte. Diese Gartenabteilungen sind nach alternierendem Muster bepflanzt; zwanglose Pflanztechniken und ausgewählte Pflanzen in einem Bereich stehen kargeren und viel strengeren Arrangements in einem anderen gegenüber.

Gegenüber unten: Der Wintergarten an der Nordseite des Hauses wird zu einem zusätzlichen Gartenraum, wenn er im Sommer mit Blumen und Blattpflanzen gefüllt ist. Die Raworths ziehen nicht winterharte Pflanzen wie weißblühendes *Solanum* und Duftpelargonien in einem Gewächshaus und bringen sie zur Blütezeit in diesen sommerlichen Wohnraum. Hier behalten frostempfindliche Farne den ganzen Winter über ihr üppiges Laub.

Die Neugierde wächst, sobald man den Londoner Garten der Raworths in der Nähe von Twickenham Bridge betritt. Linden, deren Äste miteinander verflochten sind und die mit einer fortlaufenden, gut beschnittenen Ligusterhecke unterpflanzt wurden, verleihen dem dahinter verborgenen Garten eine Atmosphäre von Ordnung und Zweckmäßigkeit. Rosmarin und Lavendel säumen den Zugangsweg. Auf der Nordseite markiert ein alter Trompetenbaum *(Catalpa)* die Gartengrenze. Im Süden steht eine panaschierte, kugelförmig geschnittene Stechpalme. Das Haus ist bis zum Dach mit Wisterien bewachsen, die im Mai einen herrlichen Anblick bieten; zu ihren Füßen flankieren zwei immergrüne Magnolien *(Magnolia grandiflora)* den Eingang. Ein eleganter Storaxbaum *(Styrax japonica)* bildet mit seinen ausladenden, fächerartigen Zweigen den Blickpunkt für einen Weg, der an der Nordmauer des Hauses entlangführt und die verschiedenen Gartenbereiche entdecken läßt, die von Eiben, Buchen und Lebensbäumen *(Thuja plicata)* streng eingerahmt werden. Eine hohe Hecke aus Ölweiden *(Eleagnus)* wird zu einem Hintergrund für Moschusrosen. Vor der Mauer des Wintergartens, an der panaschiertes Efeu emporklettert, wächst ein ebenfalls panaschierter *Cotoneaster microphyllus.*

In diesem Garten spielen Pflanzenformen und -strukturen die Hauptrolle. Strenge Umrisse sollen eine aufregende, phantasievolle Bepflanzung ergänzen. In einem der Gartenbereiche verbergen sich hinter hohen Hecken in Spindel- und Kugelformen geschnittene Buchsbäume. Dichtes Heiligenkraut wächst in Beeten, die von niedrigen Buchshecken eingefaßt sind. In einem anderen Gartenteil fangen unter einer offenen Pergola in Kies gesetzte silberblättrige Pflanzen die Sonnenstrahlen ein. Durch einen Bogen aus *Thuja plicata* gelangt man in einen weiteren Raum, der in vier ordentliche Beete mit niedrigen Buchseinfassungen unterteilt ist, in denen weiße Lilien und Lavendel blühen.

Sehenswerte Gärten

Die im folgenden aufgelisteten Gärten sind mit Ausnahme der deutschen alle im Text erwähnt und für die Öffentlichkeit zugänglich (mit einem * gekennzeichnete jedoch nur nach Voranmeldung).

Belgien

* Brüssel, Garten des Van-Buuren-Museums
Rekem, Privatgarten Van Roosmalen

Deutschland

Baden-Baden, Internationaler Rosenneuheitengarten Beutig
Bayreuth, Felsengarten Sanspareil
Berlin, Botanischer Garten Dahlem
Berlin, Schloßpark Charlottenburg
Brühl bei Köln, Barockgarten von Schloß Augustusburg
Dessau-Wörlitz, Wörlitzer Gartenreich
* Freising bei München, Sichtungsgarten Weihenstephan
Hamburg, Planten un Blomen
Hannover, Herrenhäuser Gärten
Insel Mainau, Bodensee, Historischer Schloßpark und Rosengarten
Kassel, Schloßpark Wilhelmshöhe
Köln, Flora Botanischer Garten
München, Englischer Garten
München, Hofgarten
Muskau bei Görlitz, Fürst-Pückler-Park
Neuss-Holzheim, Insel Hombroich
Potsdam, Park Sanssouci
* Potsdam, Senkgarten – Gedenkstätte Karl Foerster
Sangerhausen bei Halle, Europa-Rosarium
Veitshöchheim bei Würzburg, Hofgarten

England

Abbotsbury Gardens, Dorset
Alderly Grange, Gloucestershire
Arley Hall / Knutsford, Cheshire
Bampton Gardens, Oxfordshire
Barnsley House, Gloucestershire
Barrington Court, Somerset
Blenheim Palace, Oxfordshire
Bowood, Wiltshire
Bramdean House, Hampshire
Brockenhurst Park, Hampshire
Chilcombe House, Dorset
Clare College, Cambridge
Cobblers, Sussex
Cornwell Manor, Oxfordshire
Cranborne Manor, Dorset
Darley House, Derbyshire
Docwra's Manor, Cambridgeshire
East Lambrook, Sussex
Great Dixter, East Sussex
Grey's Court, Oxfordshire
Hadspen House, Somerset
Hatfield House, Hertfortshire
Hazelby Court, Berkshire
Hestercombe House, Somerset
Hidcote Manor Garden, Gloucestershire
Howick Hall, Northumberland
Jenkyn Place, Hampshire
Knightshayes Court, Devon
Levens Hall, Cumbria
Longstock Park Gardens, Hampshire
Lytes Carey Manor, Somerset
Newby Hall, Ripon, North Yorkshire
Nymans, West Sussex
Owl Cottage, Isle of Wight
Parnham, Dorset
Plymouth, Devon, Beaumont Road
Polesden Lacey, Surrey
Pusey House, Oxfordshire
Saling Hall, Great Saling, Essex
Sissinghurst Place Gardens, Kent
The Dower House, Boughton House, Kettering, Northamptonshire
The Gables, Stoke-sub-Hambdon, Somerset
The Old Rectory, Farnborough, Somerset
The Priory, Kemerton, Gloucestershire
Tintinhull House Garden, Somerset
Tresco Abbey, Isles of Scilly
Vann, Hambledon, Surrey

Frankreich

* Biot, La Chèvre d'Or
Bretagne, Kerdalo
Grasse, Villa Noailles
Paris, Courance
Touraine, Villandry
Vernon, Giverny

Irland

Anne's Grove, Cork

Italien

* Florenz, Villa La Gamberaia
* Florenz, Villa La Pietra
Padua, Botanischer Garten
Pienza, Palazzo Piccolomini
Verona, Giardino dei Giusti

Niederlande

* Domburg, Privatgarten Van Bennekom
* Middelburg, Privatgarten De la Hayze
Neerlangbroek, Canneman-Inselgarten
* Veere, Privatgarten Dekker

Schottland

Glen Garden, Crarae, Argyll

USA

Charleston, South Carolina, Magnolia Plantation
Kalifornien, Western Hills
Kensington, Kalifornien, Blake House
New Jersey, Leaming's Run
Pennsylvania, Deerfield
San Francisco, Filoli

Bibliographie

Austin, David: David Austins Englische Rosen. Mit Fotos von Perry Clark. Köln 1997

Baker, Christopher; Lacy, Allen: Die Welt der Rose. Köln 1997

Bärtels, Andreas: Gartengehölze. Stuttgart ^{3}1991

Beales, Peter: Moderne Rosen. Praktisch – Bewährt – Schön. Köln 1996

Brown, Jane: The English Garden in Our Time. Woodbridge 1986

Clevely, Andi; Richmond, Katherine: DuMont's Großes Kräuterbuch. Garten – Küche – Dekors. Mit 120 köstlichen Rezepten. Köln 1996

Conran, Terence: Der Garten als Wohnraum. Gartenmöbel, Zäune, Pavillons und viele andere Gestaltungsentwürfe für den Garten, aus Holz und Stein liebevoll gefertigt. Köln 1998

Conran, Terence; Pearson, Dan: Garten-Ideen. Garten-Design. Planung – Ausführung – Pflege. Köln 1998

Crowe, Silvia: Garden Design. London 1958

Dennerlein, Ingrid: Die Gartenkunst der Régence und des Rokoko in Frankreich. Worms 1981

Elliott, Brent: Victorian Gardens. London 1986

Gallup, Barbara; Reich, Deborah: Geformte Pflanzen. Eine alte Gartenkunst neu entdeckt. Köln 1989

Gothein, Marie Luise: Geschichte der Gartenkunst. Hildesheim/New York 1988 (Nachdruck der 2. Auflage Jena 1926)

Hansen, Richard; Drave, Erika: Blütengärten der Zukunft. Köln 1987

Hansen, Richard; Stahl, Friedrich: Bäume und Sträucher im Garten. Stuttgart ^{2}1980

Hansen, Richard; Stahl, Friedrich: Die Stauden und ihre Lebensbereiche in Gärten und Grünanlagen. Stuttgart ^{5}1997

Hansmann, Wilfried: Gartenkunst der Renaissance und des Barock. Köln 1983

Hansmann, Wilfried: Barocke Gartenparadiese. Meisterleistungen der Gartenarchitektur. Mit Fotos von Florian Monheim. Köln 1996

Hennebo, Dieter; Hoffmann, Alfred: Geschichte der deutschen Gartenkunst. 3 Bde. Hamburg 1962–1965

Hillier, Malcolm: Farbgestaltung im Garten. Köln 1997

Hobhouse, Penelope: Farbe im Garten. Stuttgart 1986

Hobhouse, Penelope: Meine Leidenschaft – Der Garten. Köln 1995

Jekyll, Gertrude: Pflanzenbilder aus meinen Gärten. Stuttgart 1988

Jelitto, Leo; Schacht, Wilhelm; Feßler, Alfred: Die Freiland-Schmuckstauden. Stuttgart ^{4}1990

Johnson, Hugh: Das große Buch der Gartenkunst. Bern 1980

King, Michael; Oudolf, Piet: Zarte und prachtvolle Gräser. Köln 1997

Krüssmann, Gerd: Handbuch der Laubgehölze. 3 Bde. Hamburg ^{2}1976/1977/1978

Krüssmann, Gerd: Handbuch der Nadelgehölze. Hamburg ^{2}1983

Lancaster, Roy: Wo pflanze ich was? Der beste Platz für alles, was im Garten wächst. Köln 1996

Lancaster, Roy: Stauden. Wohin pflanzt man sie? Der beste Platz im Garten für jede mehrjährige Blume. Köln 1998

Lord, Tony: Sissinghurst. Einer der schönsten Gärten Englands. Köln 1997

Lloyd, Christopher: The Well-Tempered Garden. London 1985

Lutze, Margot: Unsere historischen Gärten. Frankfurt 1986

McHoy, Peter: DUMONT's Gartenratgeber für das ganze Jahr. Mit 1000 Farbfotografien und praktischen Schritt-für-Schritt-Anleitungen für Planung, Bepflanzung und Pflege. Köln 1997

Minter, Sue: Der heilende Garten. Oase für Körper, Geist und Seele. Köln 1998

Pardatscher, Günter: Hecken im Garten. Stuttgart 1988

Pearson, Robert (Hg.): Das Wisley Gartenbuch. Erfahrungen aus englischen Gärten. Stuttgart 1984

Penn, Helen: Englische Gärtnerinnen. Gertrude Jekyll, Vita Sackville-West, Rosemary Verey und viele andere. Mit einem Vorwort von Penelope Hobhouse. Köln 1996

Raven, Sarah: Frisch gepflückt: Mein Blumengarten. Mit einem Lexikon der schönsten Schnittblumen. Köln 1998

The Royal Horticultural Society; Brickell, Christopher (Hg.): DUMONT's Große Garten-Enzyklopädie. Köln 1998

The Royal Horticultural Society; Brickell, Christopher (Hg.): DUMONT's Große Pflanzen-Enzyklopädie von A–Z. Das illustrierte Lexikon der 15.000 Garten- und Zimmerpflanzen. Mit 6.000 farbigen Abbildungen. Köln 1998

The Royal Horticultural Society (Hg.): DUMONT's Gartenhandbuch – Gehölze. Bäume und Sträucher. Mit mehr als 450 Pflanzen, gegliedert nach Größe, Jahreszeit und Farbe. Köln 1997

The Royal Horticultural Society (Hg.): DUMONT's Gartenhandbuch – Stauden. Mit mehr als 1000 Pflanzen, gegliedert nach Größe, Jahreszeit und Farbe. Köln 1997

Robinson, William: The English Flower Garden. London 1933

Russell, Vivian: Monets Garten im Wechsel der Jahreszeiten. Köln 1998

Slesin, Suzanne; Pellerin, Guillaume: Vom Zauber alter Gartengeräte. Köln 1997

Sitwell, George: On the Makings of Gardens. London 1933

Thacker, Christopher: Die Geschichte der Gärten. Zürich 1979

Woessner, Dietrich: Das praktische Rosenbuch. Stuttgart ^{3}1996

Register

Kursiv gedruckte Ziffern verweisen auf die Legendentexte.

Abbildungsnachweis

Agence Photographique TOP / Robert César: Seite 100, 113 o.
Heather Angel: Seite 71 r., 87, 93 o. + u., 104 r., 110, 122, 123, 144/5, 170, 186 l.
Geoff Dann: Seite 25 © 131
Arnaud Descat: Seite 56 r.
Ken Druse: Seite 53 l. + r. (Victor Nelson), 77
Richard S. Duncan: Seite 60 l., 61
Inge Espen-Hansen: Seite 141
Derek Fell: Seite 36, 37, 45, 48 l., 68, 78, 134, 152/3, 153, 181, 184
Valerie Finnis: Seite 192, 198 l.
Niccolo Grassi: Seite 34, 35
Rob Gray: Seite 60 r.
Mick Hales: Seite 6, 43, 44, 48/9, 160, 161
Jerry Harpur: Seite 72 o., 90/1, 104 l., 108/9, 111, 152 l. o. + r., 148/9, 167 o. + u., 178, 179, 186, 187, 195
Marcus Harrison: Seite 132
Marijke Heuff, Amsterdam: Seite 1 (De la Hayze), 3 (Van Bennekom), 9, 12, 50/1 (Degyter), 66, 67, 74, 75, 79, 82 (De Haes), 116/7, 120, 177 (Dekker), 193
Saxon Holt: Seite 62 o., l. u. + r. u., 63, 83, 115 o. + u. 180
Pat Hunt: Seite 72 u., 206 o.
Jacqui Hurst:
© FLL: Seite 13, 14, 20, 21 o. + u., 47, 64 l. + r., 65, 85, 106, 121, 133, 140 l. u., 150, 154, 155 l. + r., 166, 188 o. + u., 190, 196/7, 200, 201, 208, 209 l. o., r. o. + u.
© FLL mit Genehmigung des National Trust und des Knightshayes Garden Trust: Seite 26 l. o., l. u. + r., 27, 28, 29 o. + u., 146/7
© JH: Seite 10, 52, 97, 130, 172, 174/5, 185 o. + u.
Ann Kelley: Seite 86
Andrew Lawson: Seite 4, 81 r., 147, 216
Georges Lévêque: Seite 11, 17, 32 o. + u. © FLL, 33 © FLL, 38, 39, 40, 46, 54, 55, 56 l., 69, 80 l., 89, 92, 96, 98 l. o. + r. o., 99, 112, 113, 124, 125, 126, 127, 135, 136 l., 139, 140 o. © FLL + r. o., 142, 143, 157, 158, 162 © FLL, 163, 165, 168, 173, 176, 183, 189 o., 191, 197 r., 204, 205 l. + r., 207
Polly Lyster: Seite 206 u.
Peter Margonelly / House & Garden USA: Seite 58, 59 o. + u.
S & O Mathews Photography: Seite 7, 169
Tania Midgley: Seite 49, 189 u.
Natural Image / Liz Gibbons: Seite 156 u.; Bob Gibbons: Seite 159
Newby Hall Estate / Dominic Cooper: Seite 42, 80 r.
Hugh Palmer: Seite 18, 19, 73, 101, 103, 138, 164
Philippe Perdereau: Seite 84, 174 l.
Clay Perry: Seite 182 r., 198/9
Photos Horticultural / Michael Warren: Seite 57
James Pipkin: Seite 16
Gary Rogers: Seite 76 u., 81 l., 102, 105, 118 o., 136/7, 182 l.
David Schilling: Seite 8
Dino Scrimali: Seite 202, 203
Ron Sutherland: Seite 24, 151, 156 o.
Elizabeth Whiting & Associates / Karl-Dietrich Bühler: Seite 15, 31, 88, 91 r., 94 l. + r., 95, 98 u., 114, 118 u., 119, 128 l. + r., 129, 194
Tom Woodham: Seite 107
Steven Wooster: Seite 22, 23 l. + r.